THIS WORKBOOK BELONGS TO

_____

_____

Pen Control

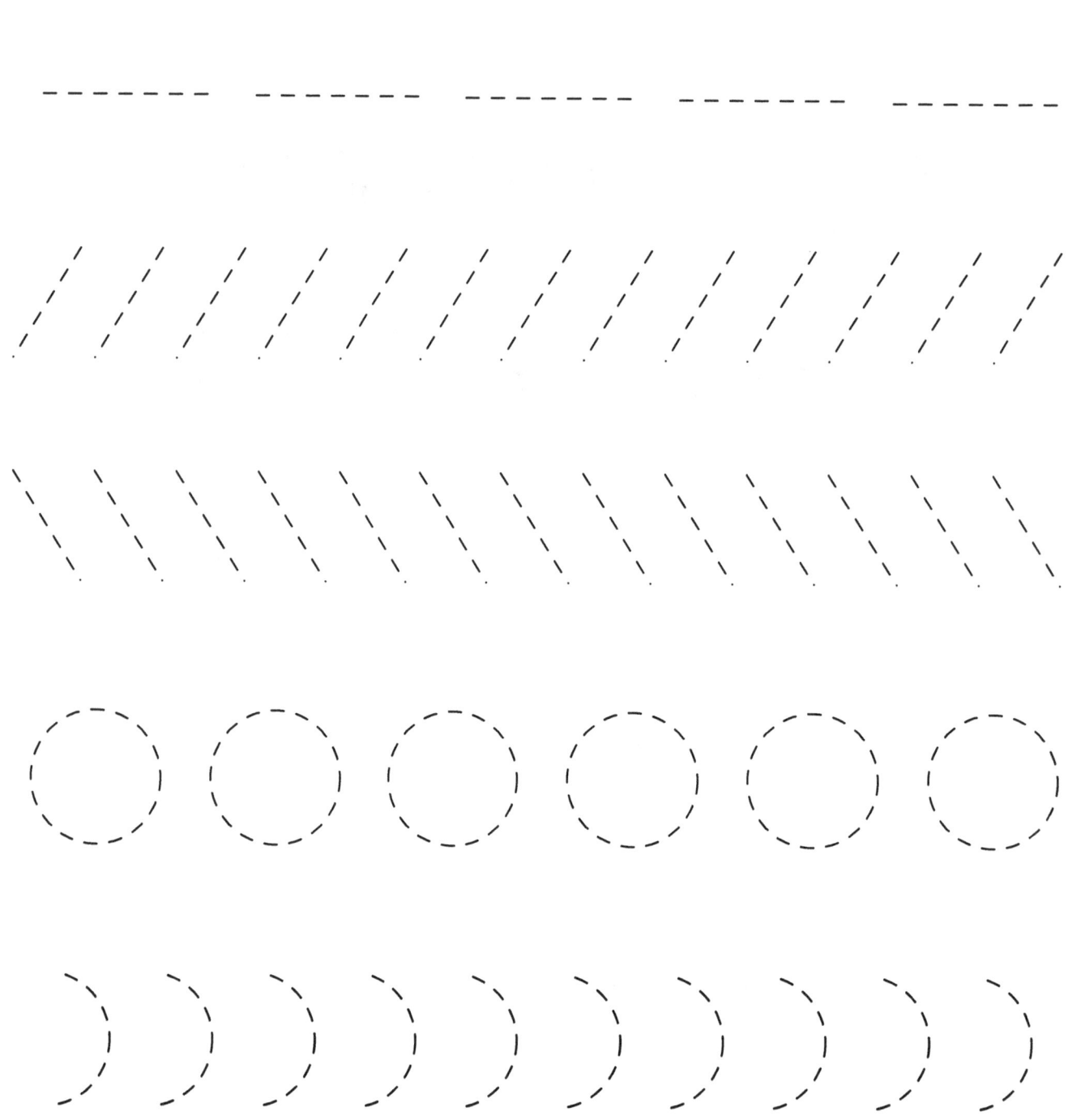

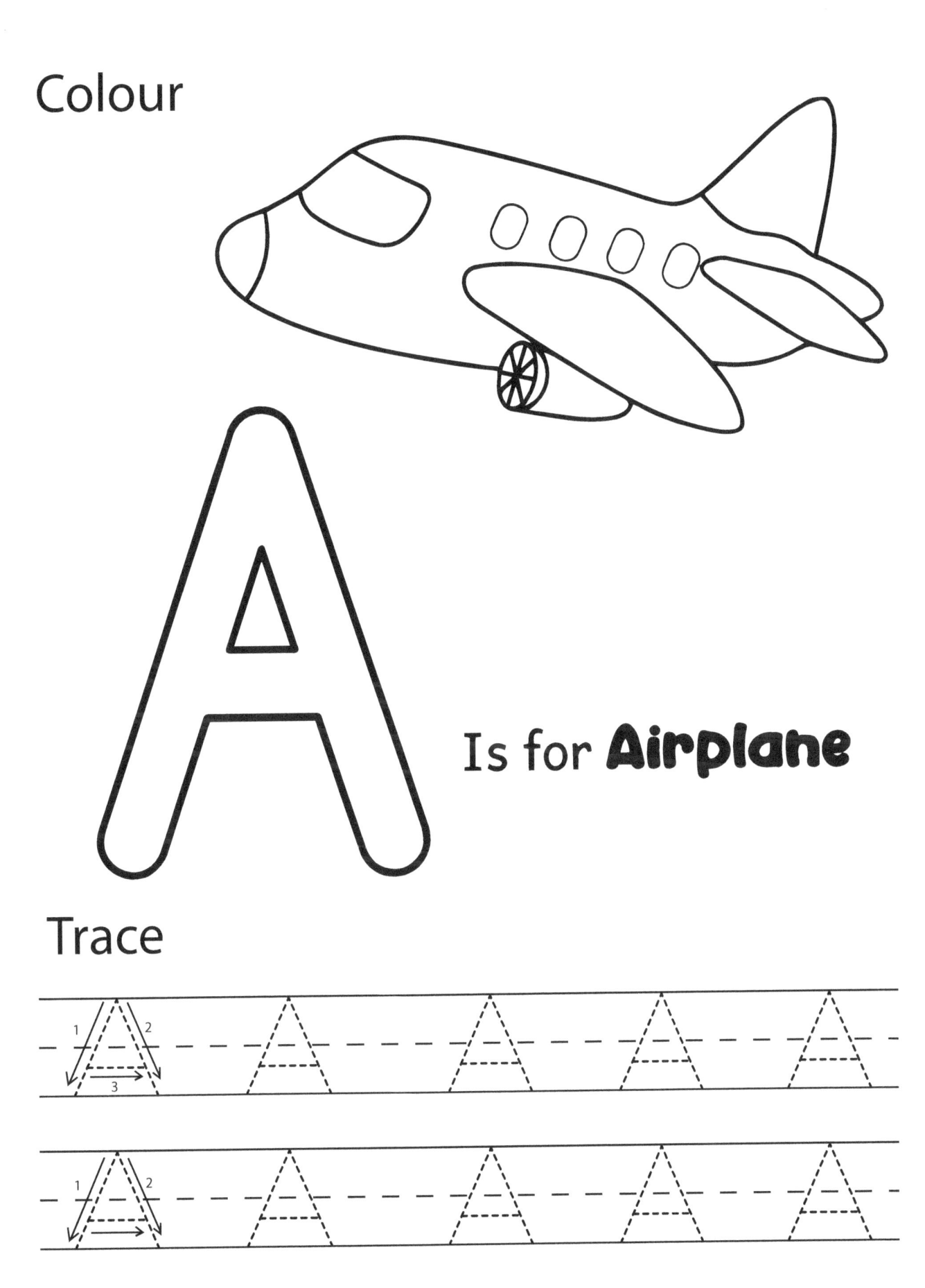

Colour

a Is for **Alligator**

Trace

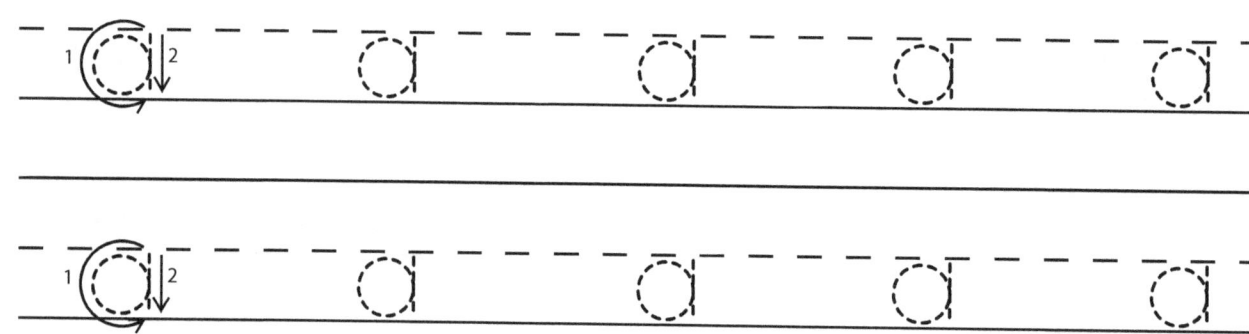

Trace

Write

Colour

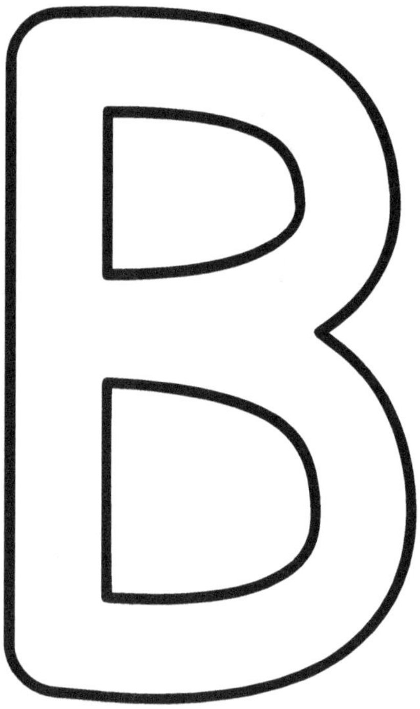

Is for **Bee**

B

Trace

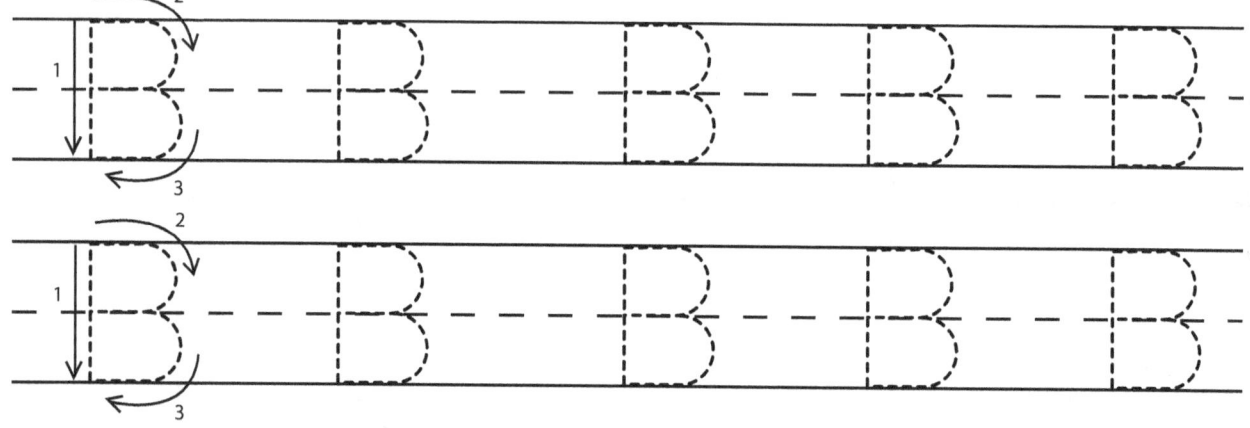

Colour

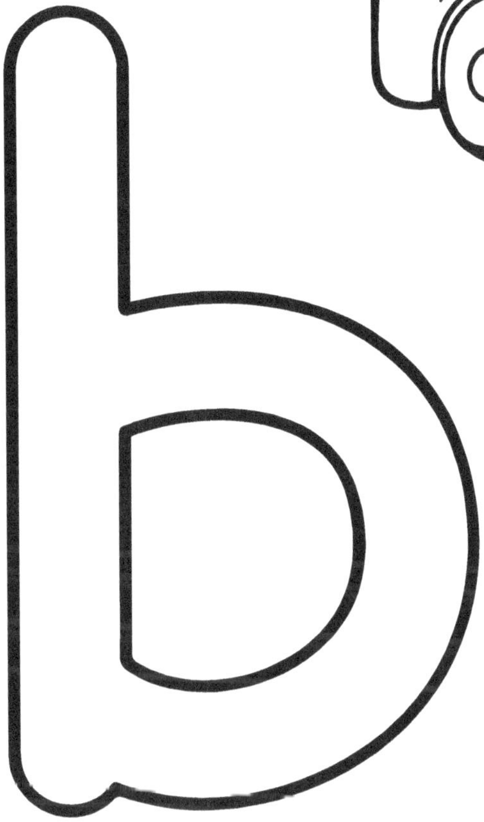

b

Is for **Bus**

Trace

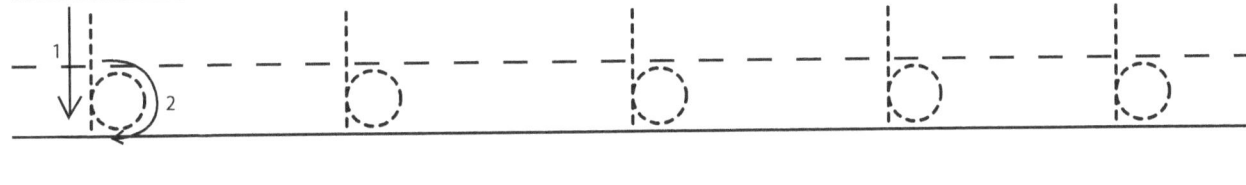

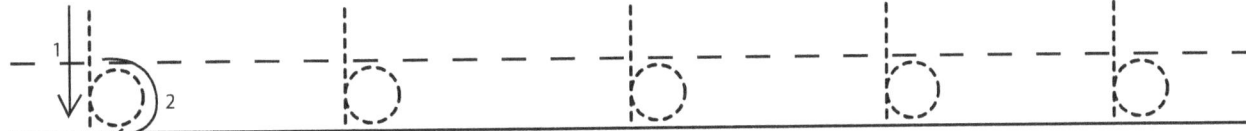

Trace

Bb Bb Bb Bb

Bb Bb Bb Bb

Bb Bb Bb Bb

Bb Bb Bb Bb

Write

Colour

is for **Clock**

Trace

Trace

Cc Cc Cc Cc

Cc Cc Cc Cc

Cc Cc Cc Cc

Cc Cc Cc Cc

Write

Colour

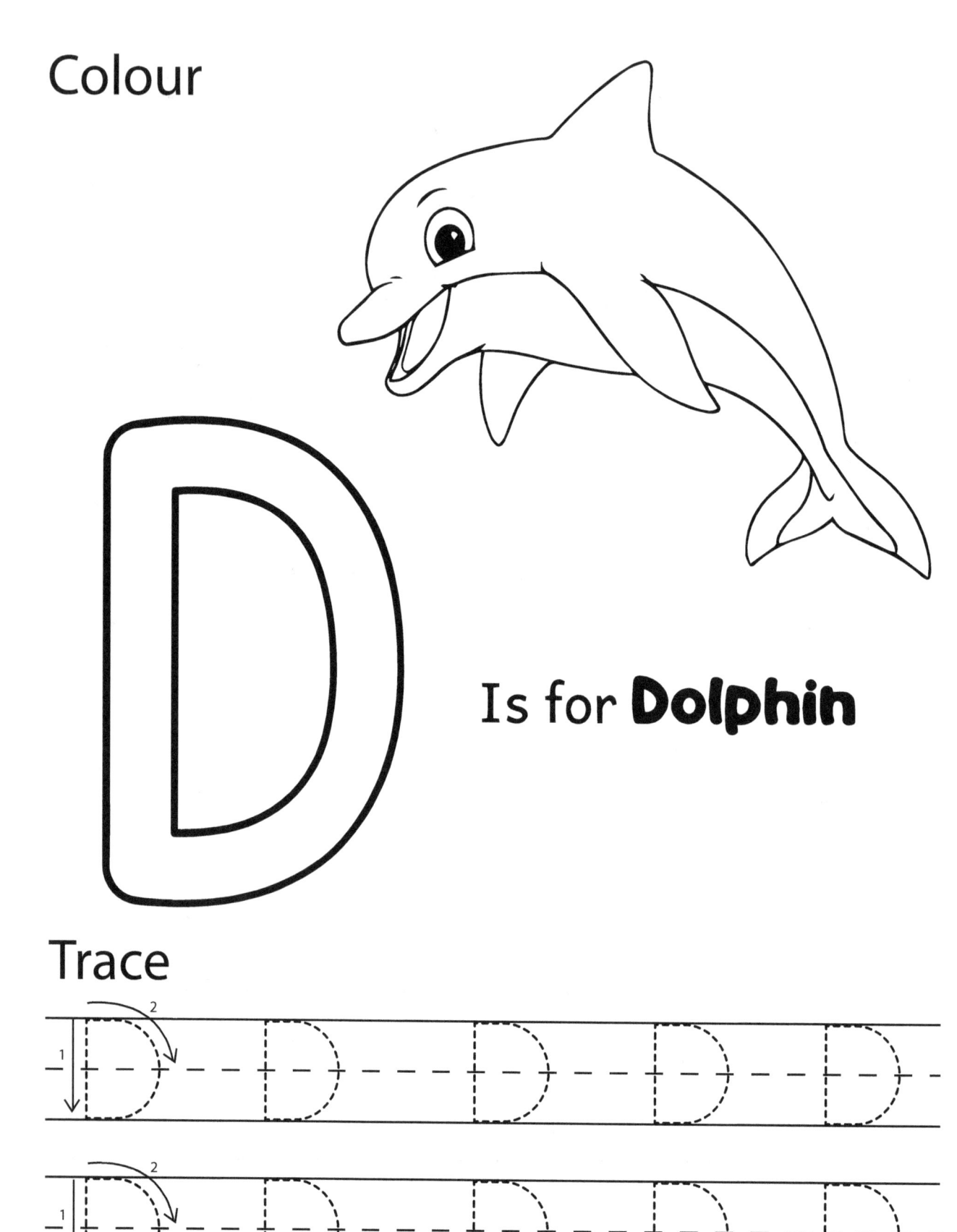

Is for **Dolphin**

Trace

Colour

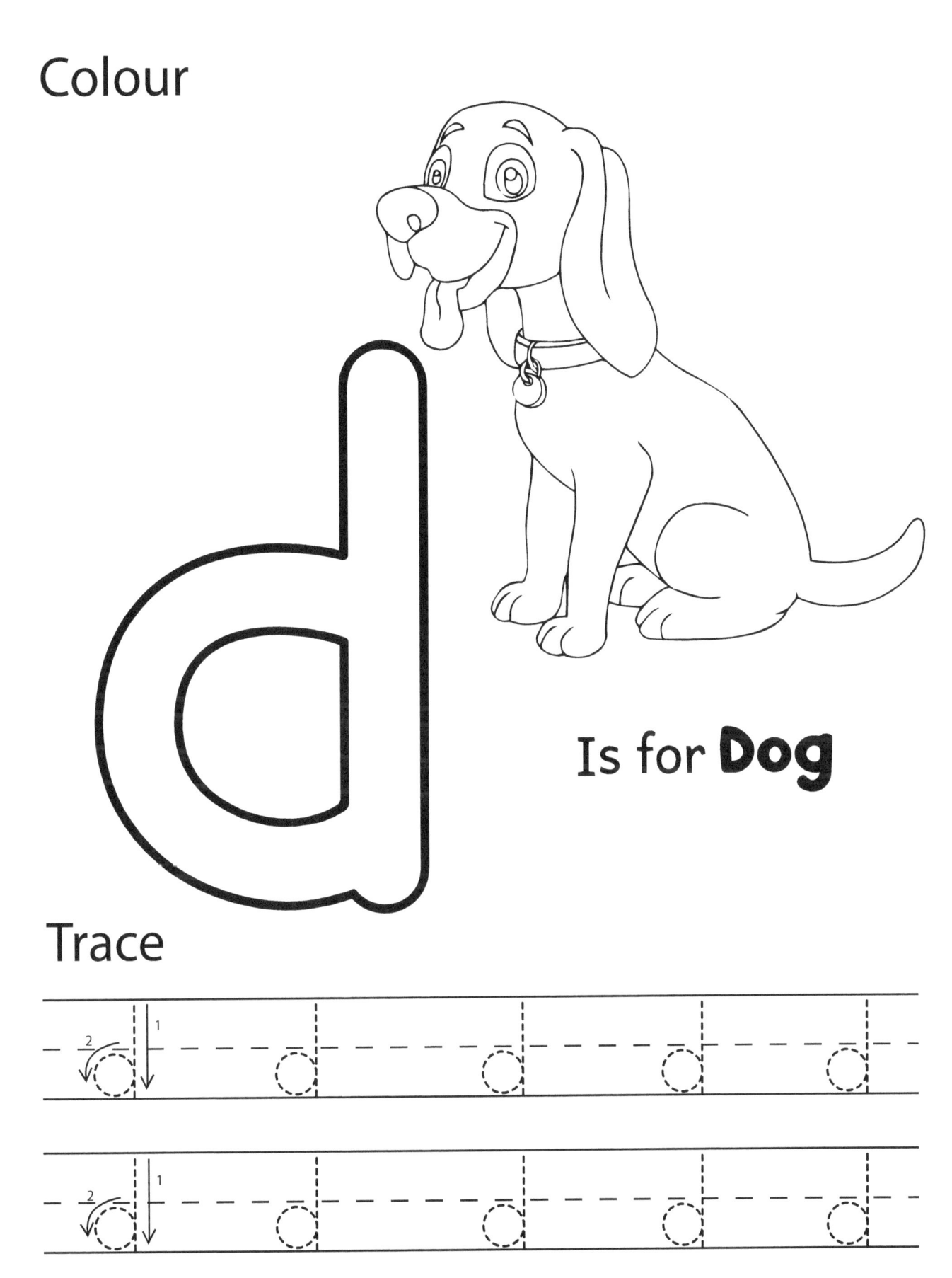

Is for **Dog**

Trace

Trace

Write

Colour

Is for **Egg**

Trace

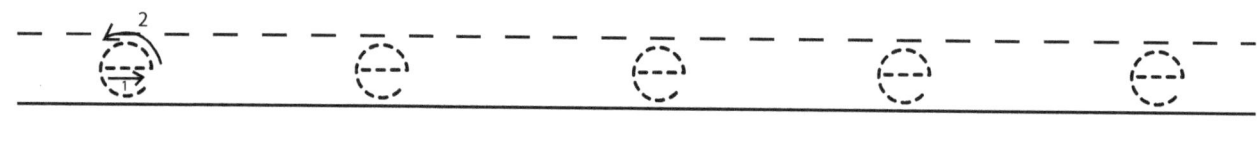
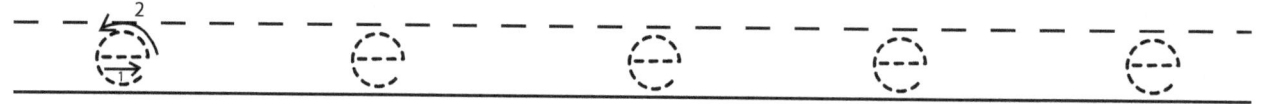

Trace

Write

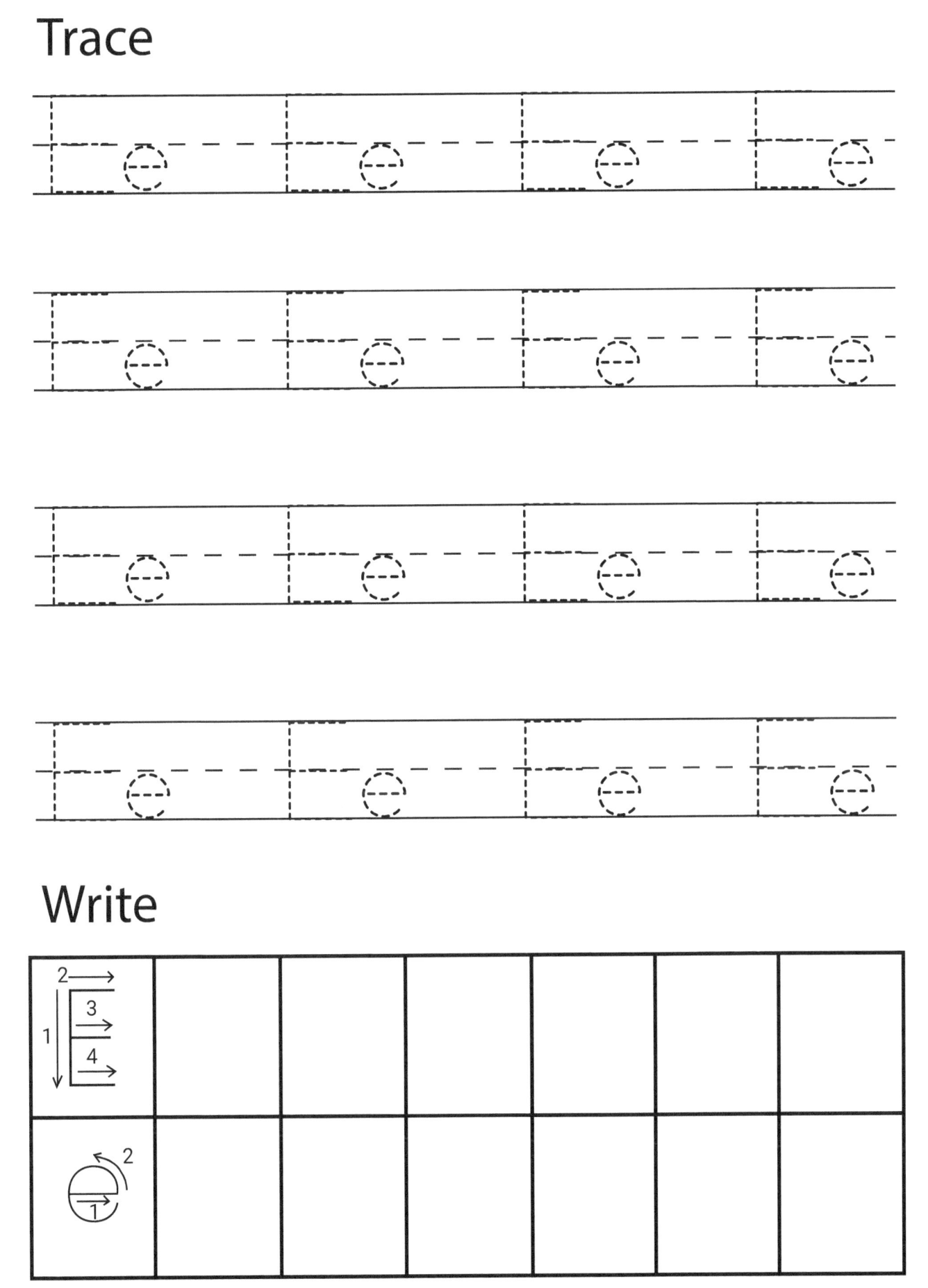

Colour

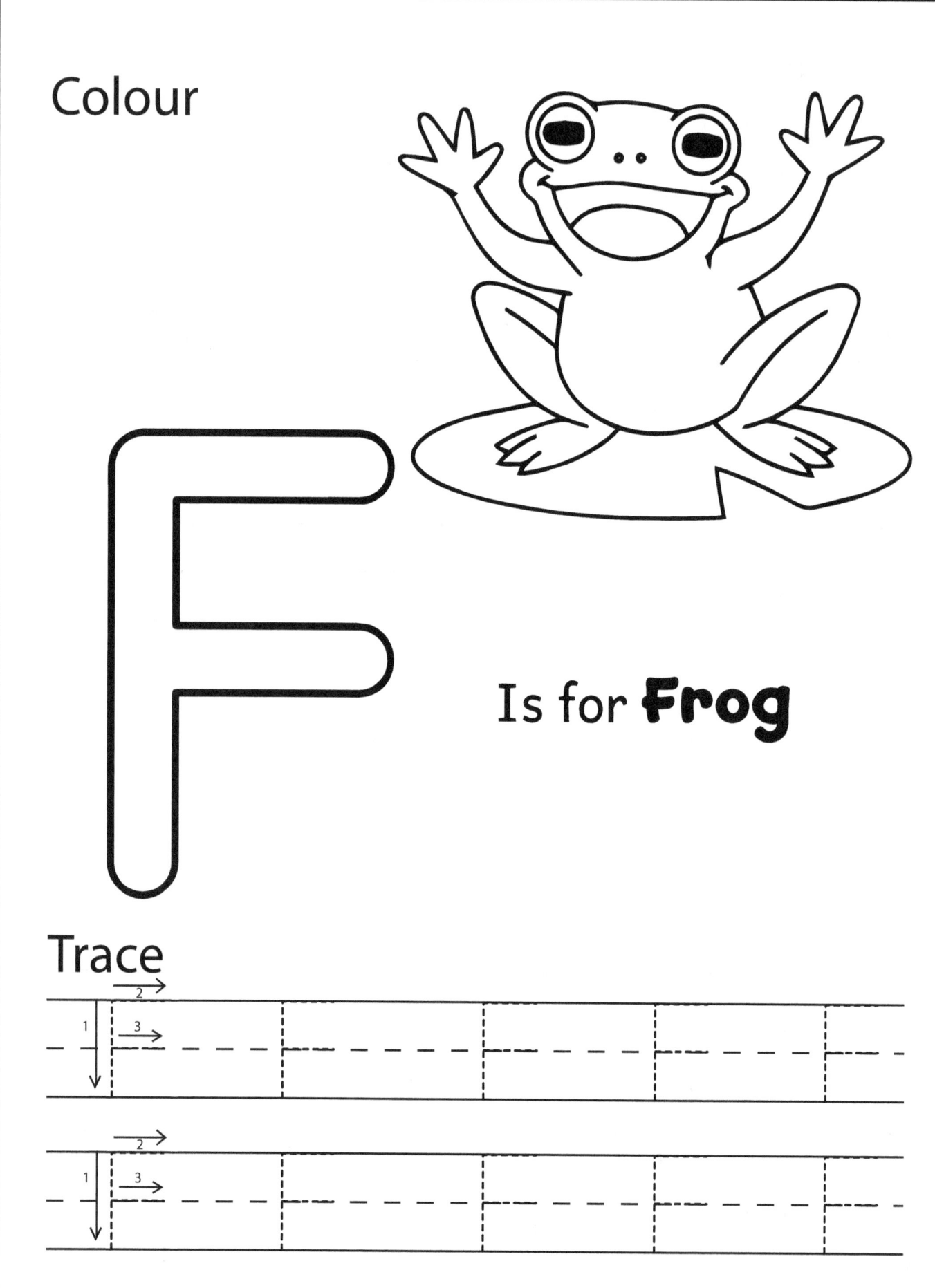

Is for **Frog**

Trace

Colour

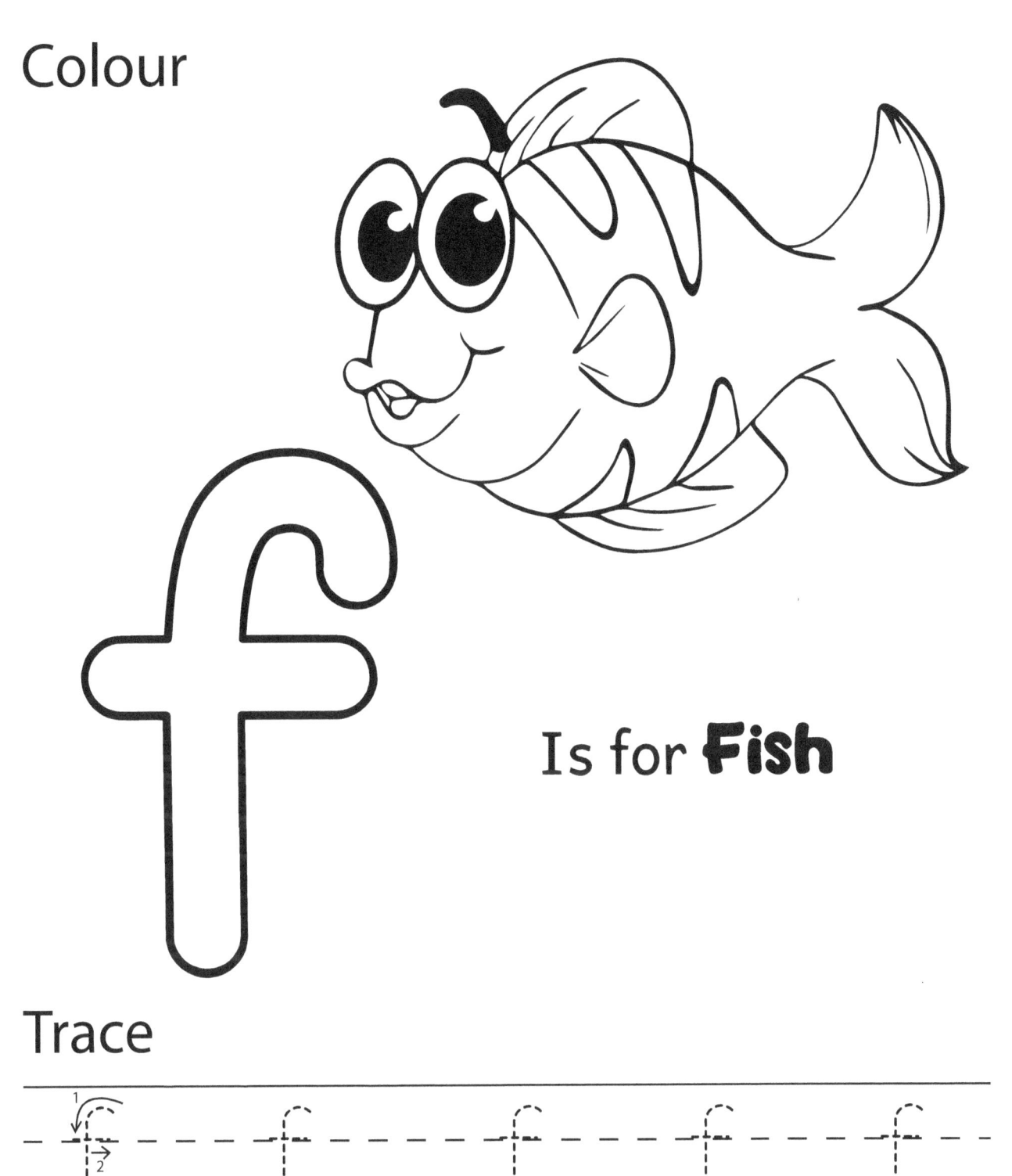

Is for **Fish**

Trace

Trace

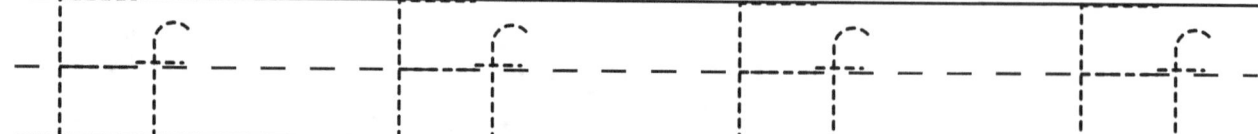

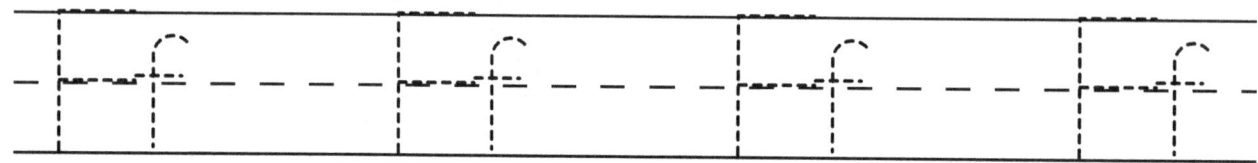

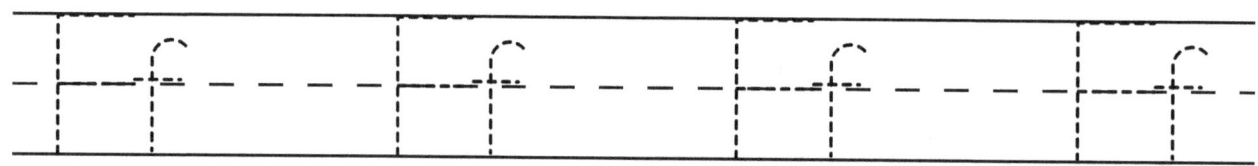

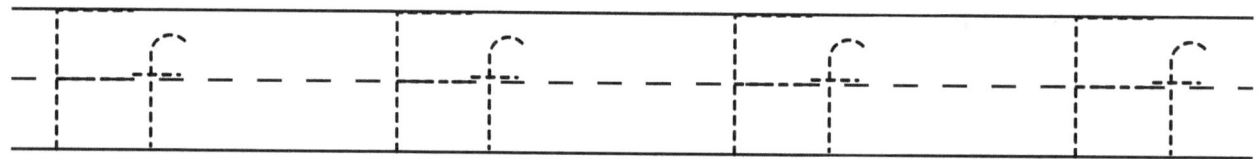

Write

Colour

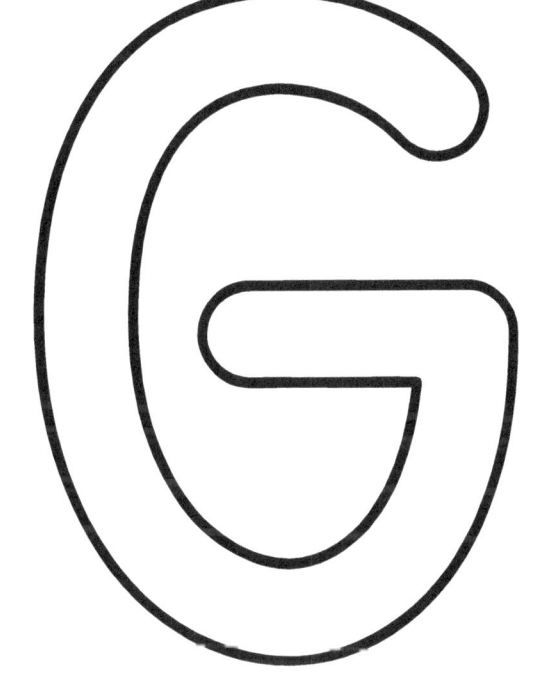

Is for **Giraffe**

Trace

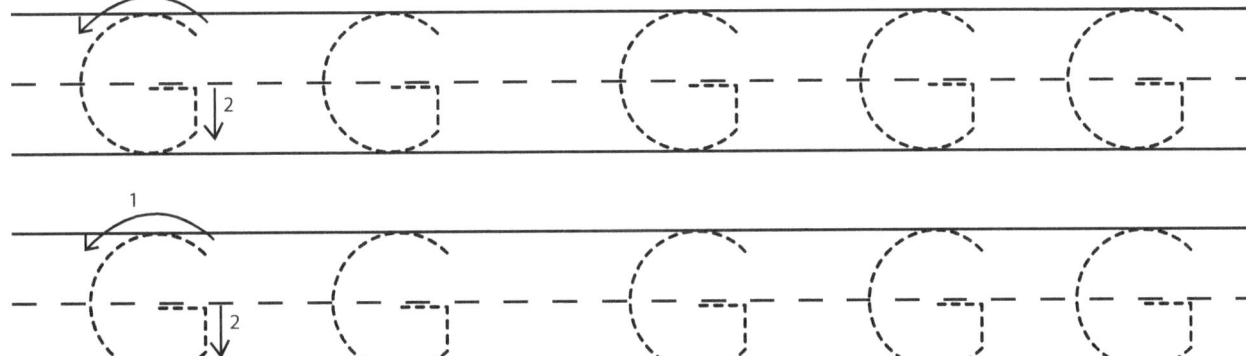

Colour

Is for **Goat**

Trace

Trace

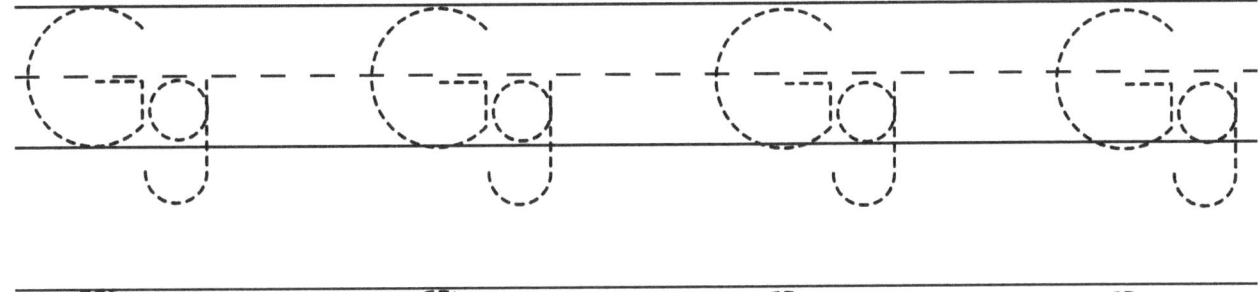
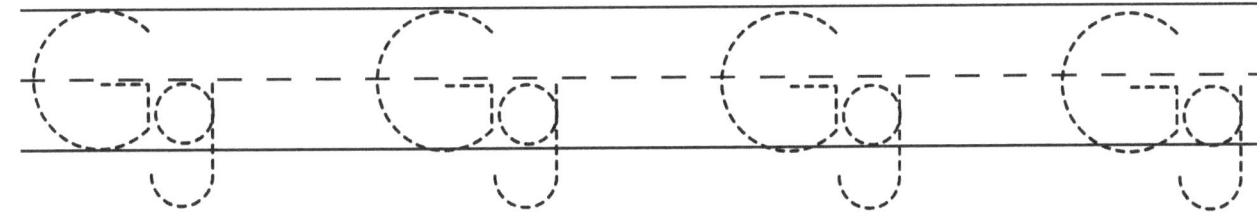
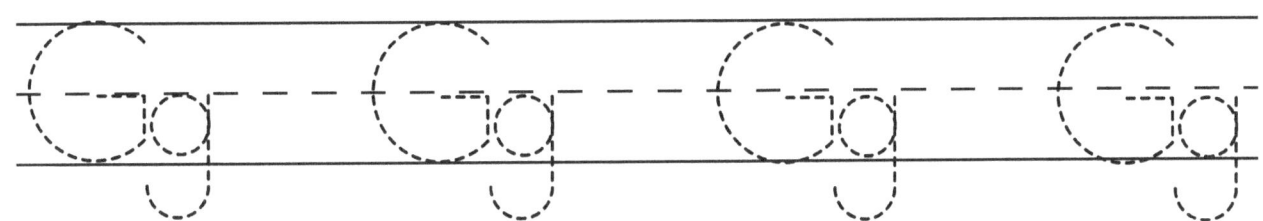
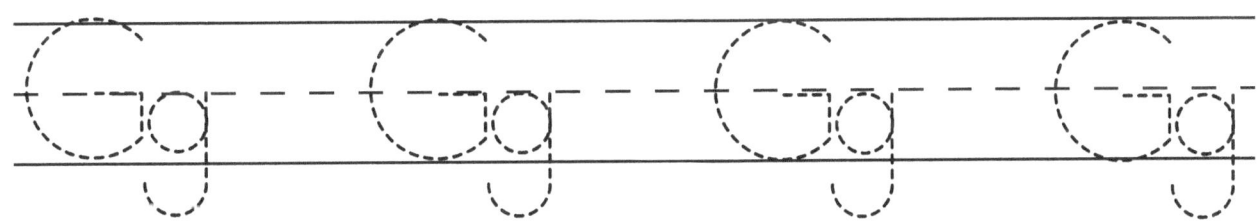

Write

Colour

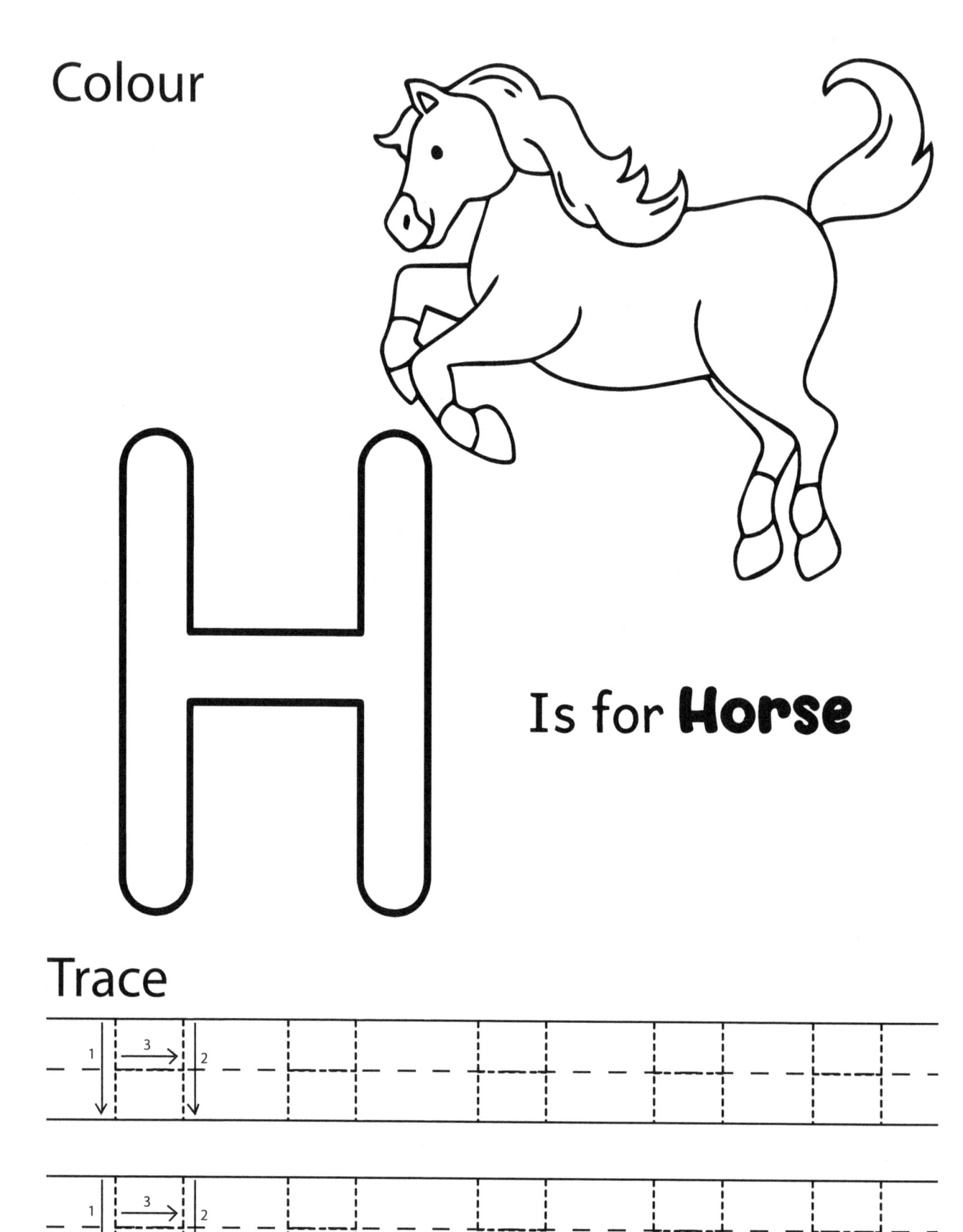

Is for **Horse**

Trace

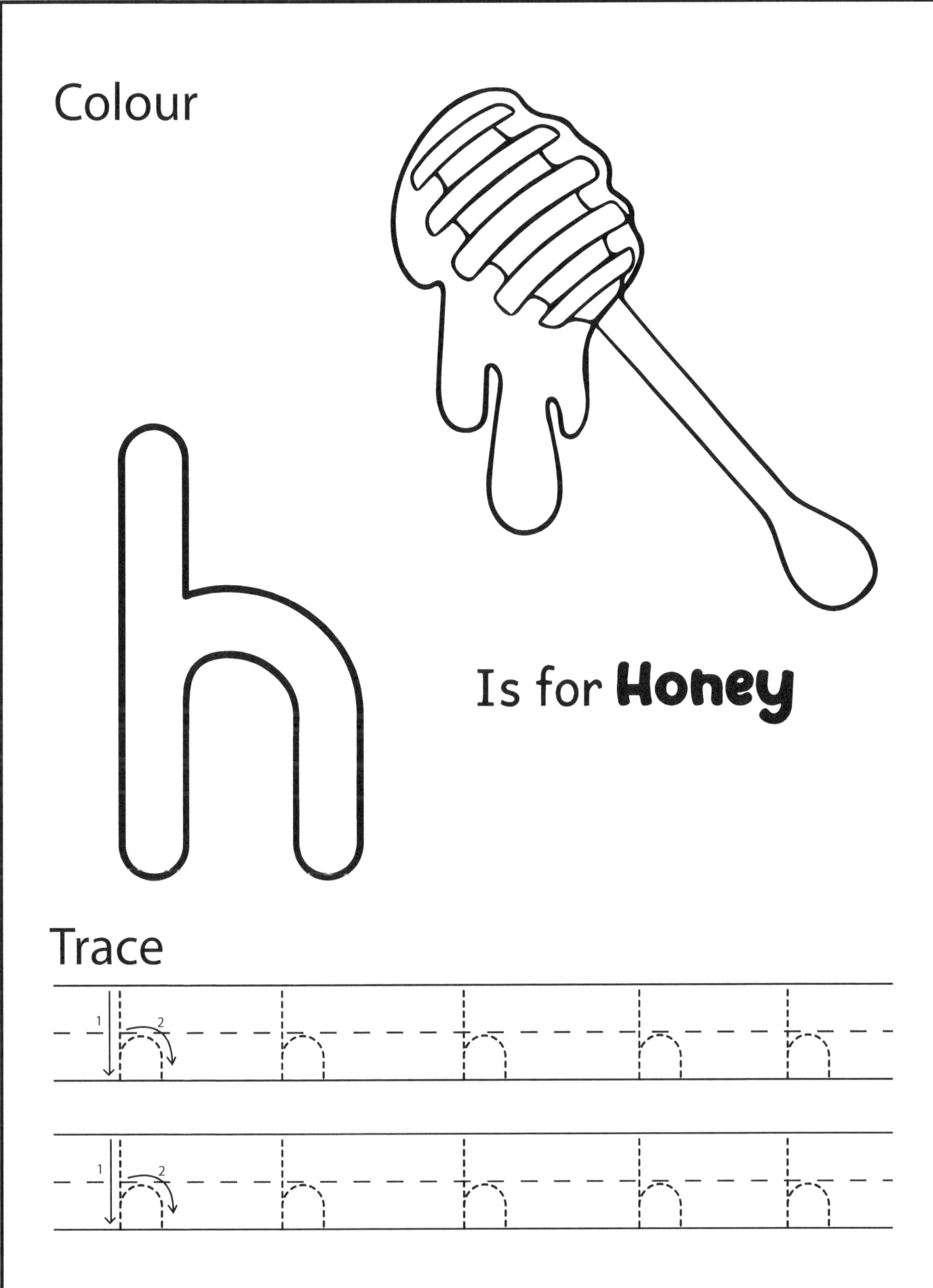

Trace

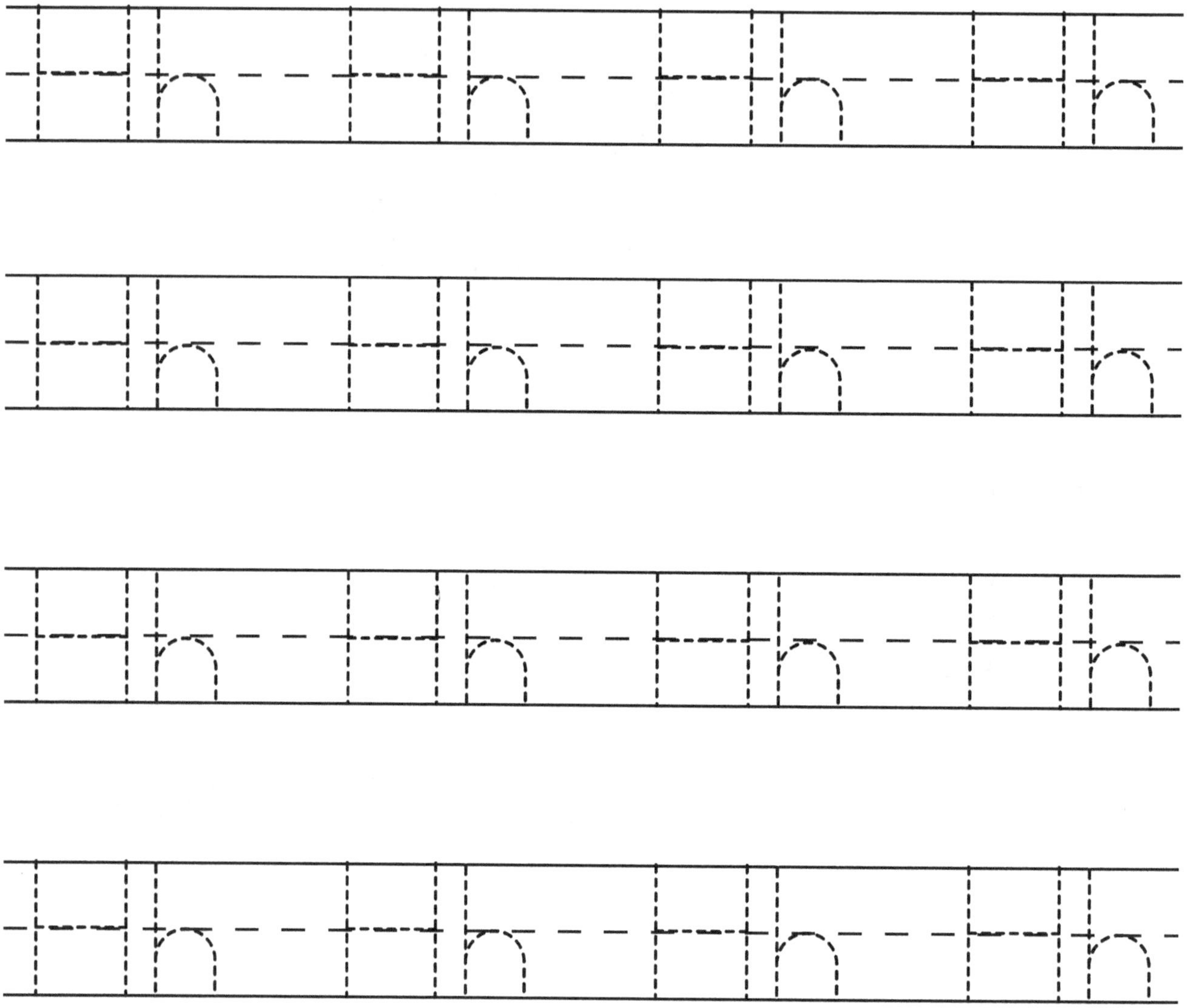

Write

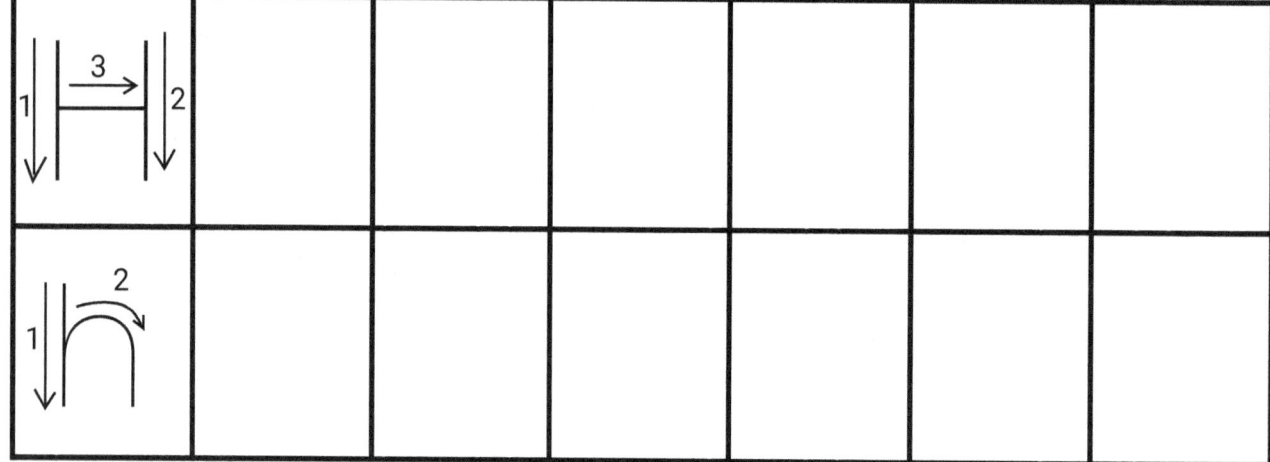

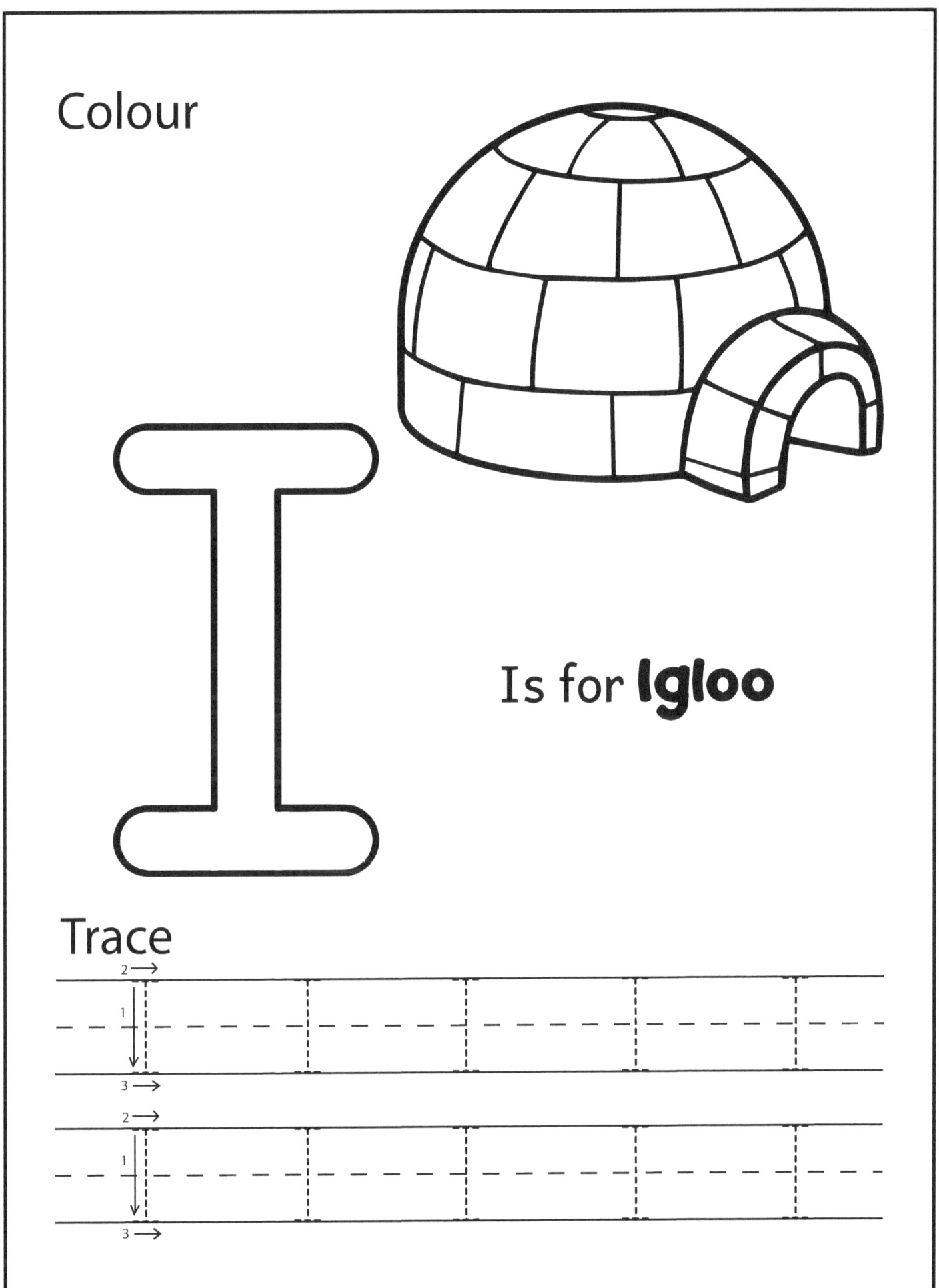

Colour

i

Is for **Ice Cream**

Trace

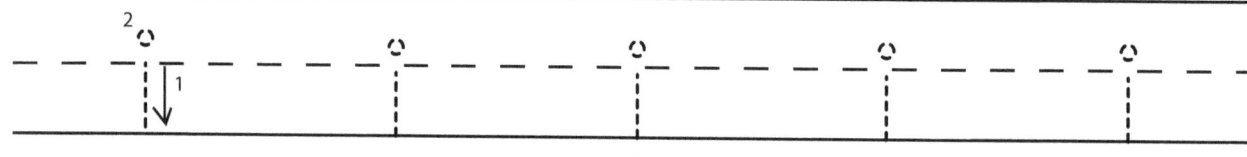

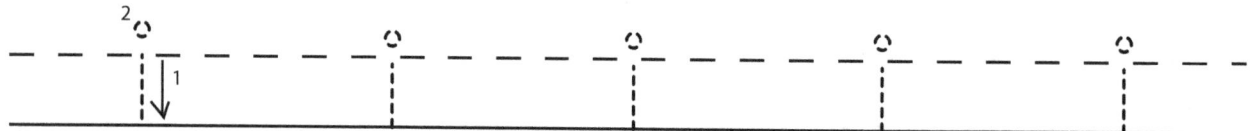

Trace

Write

Colour

Is for **Juice**

Trace

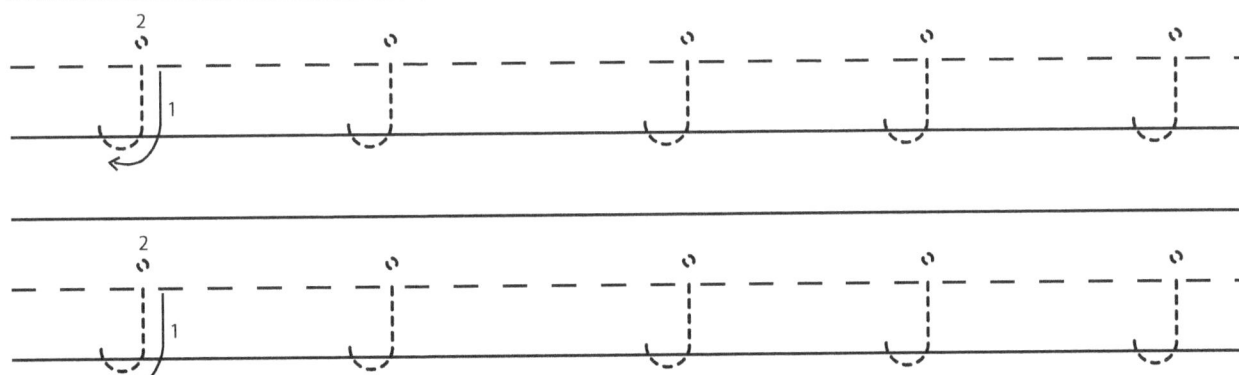

Trace

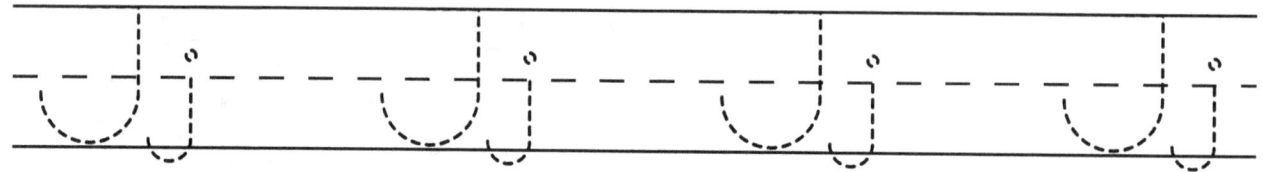
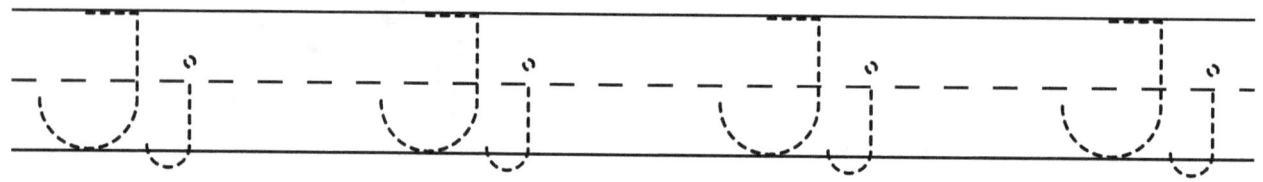
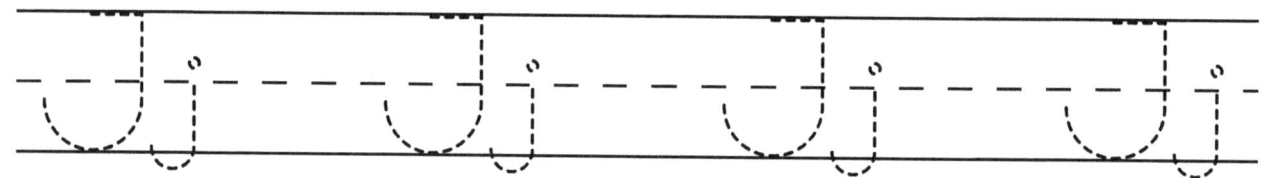
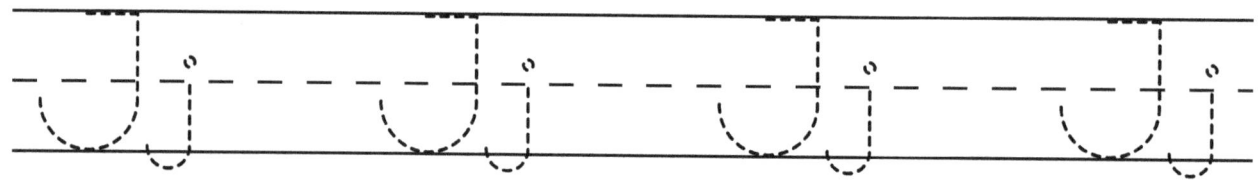

Write

Colour

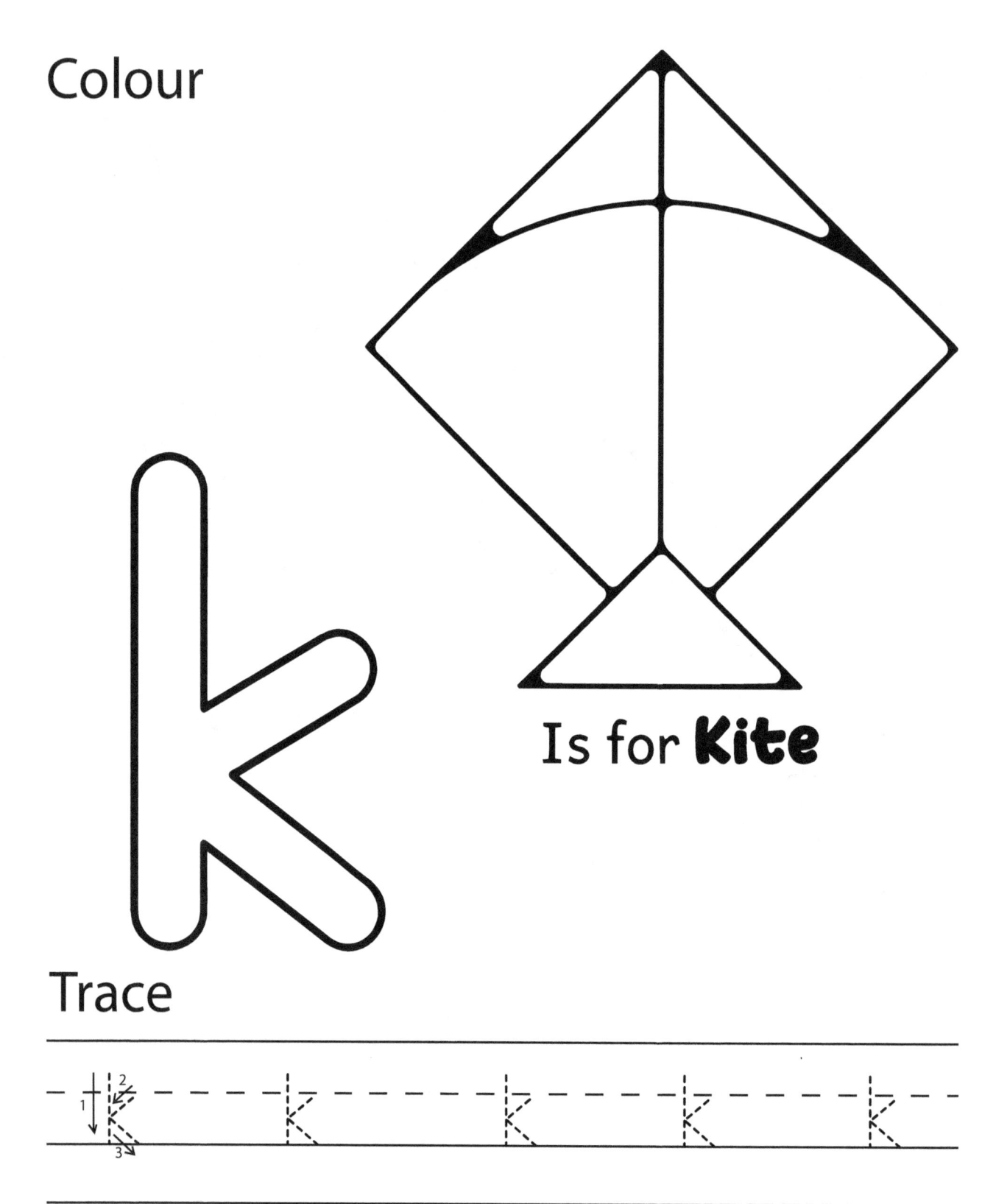

Is for **Kite**

Trace

Trace

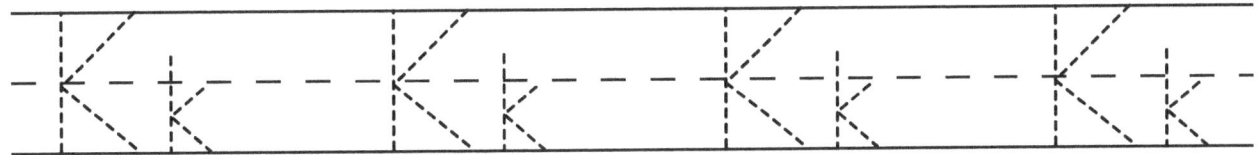

Write

Colour

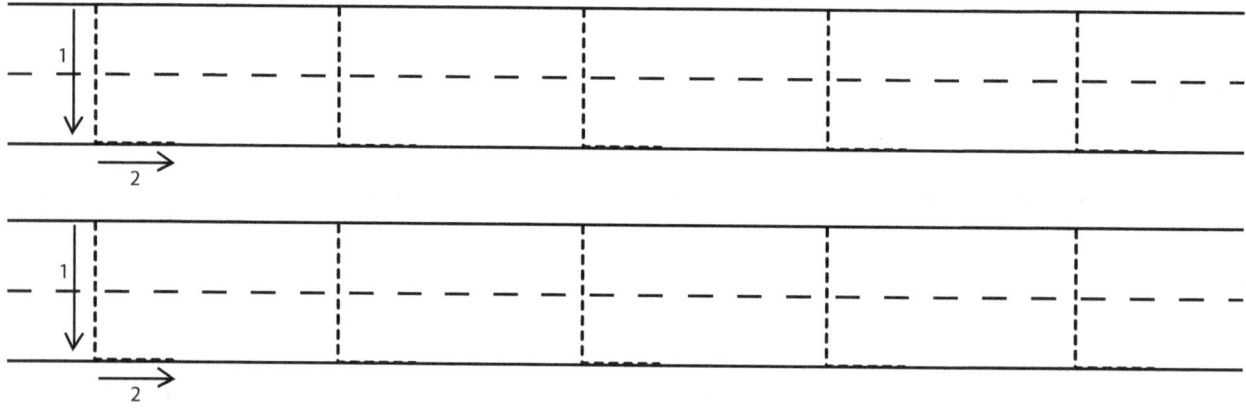

Is for **Lamp**

Trace

Colour

Is for **Lion**

Trace

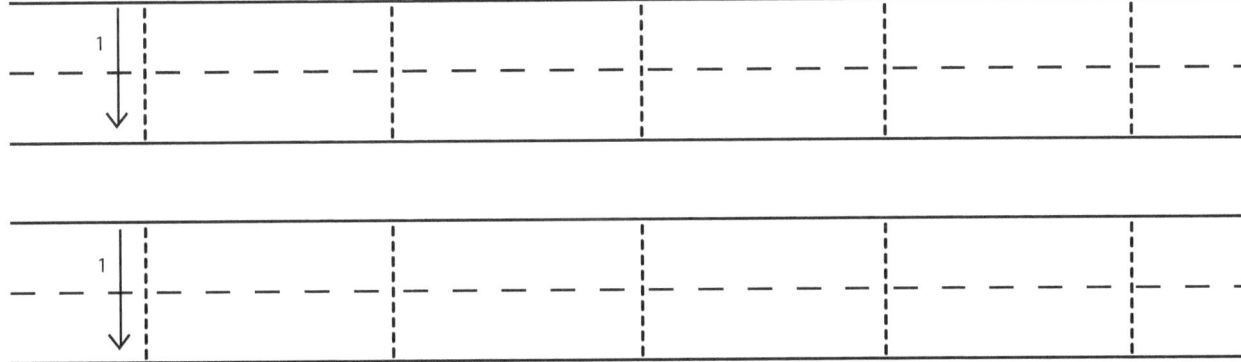

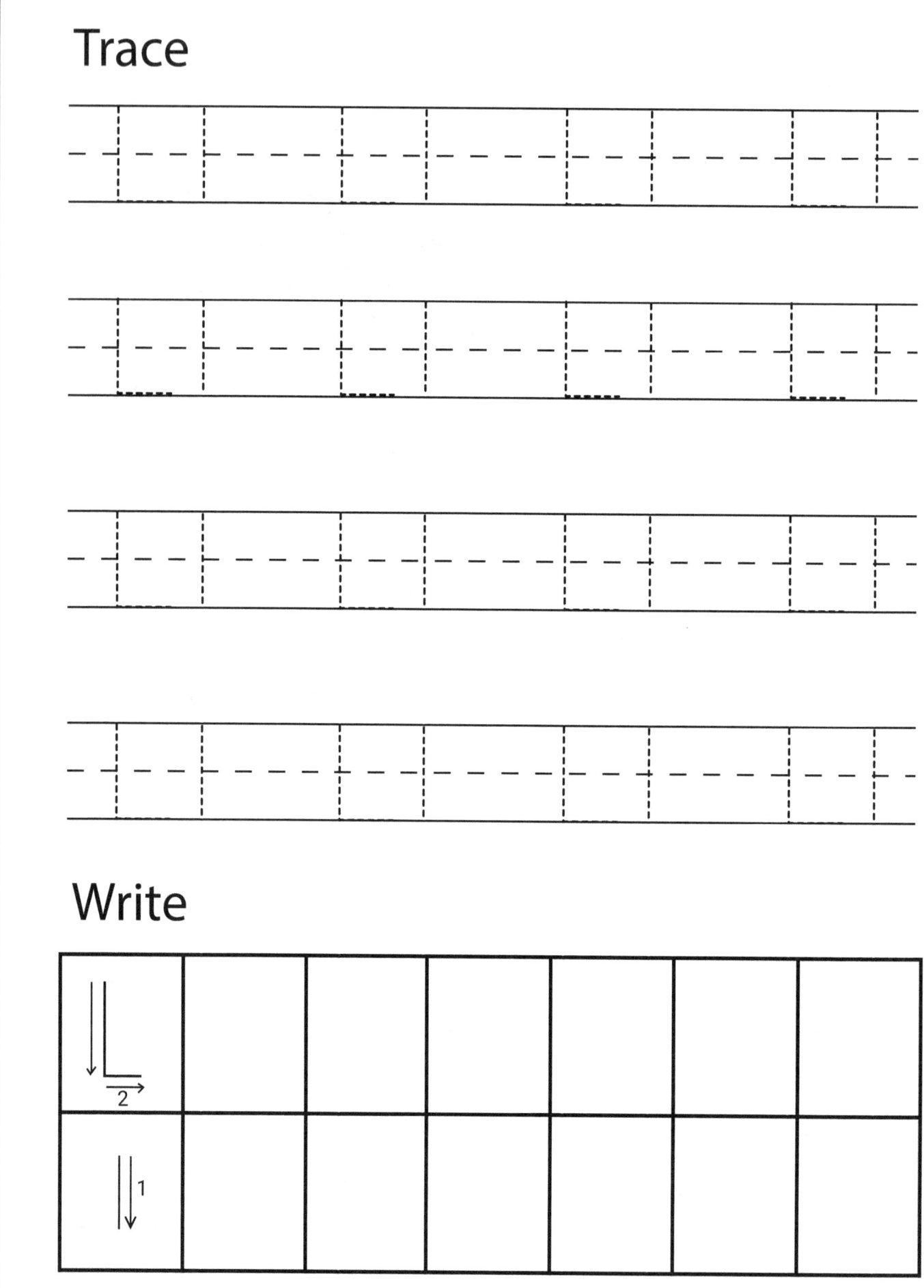

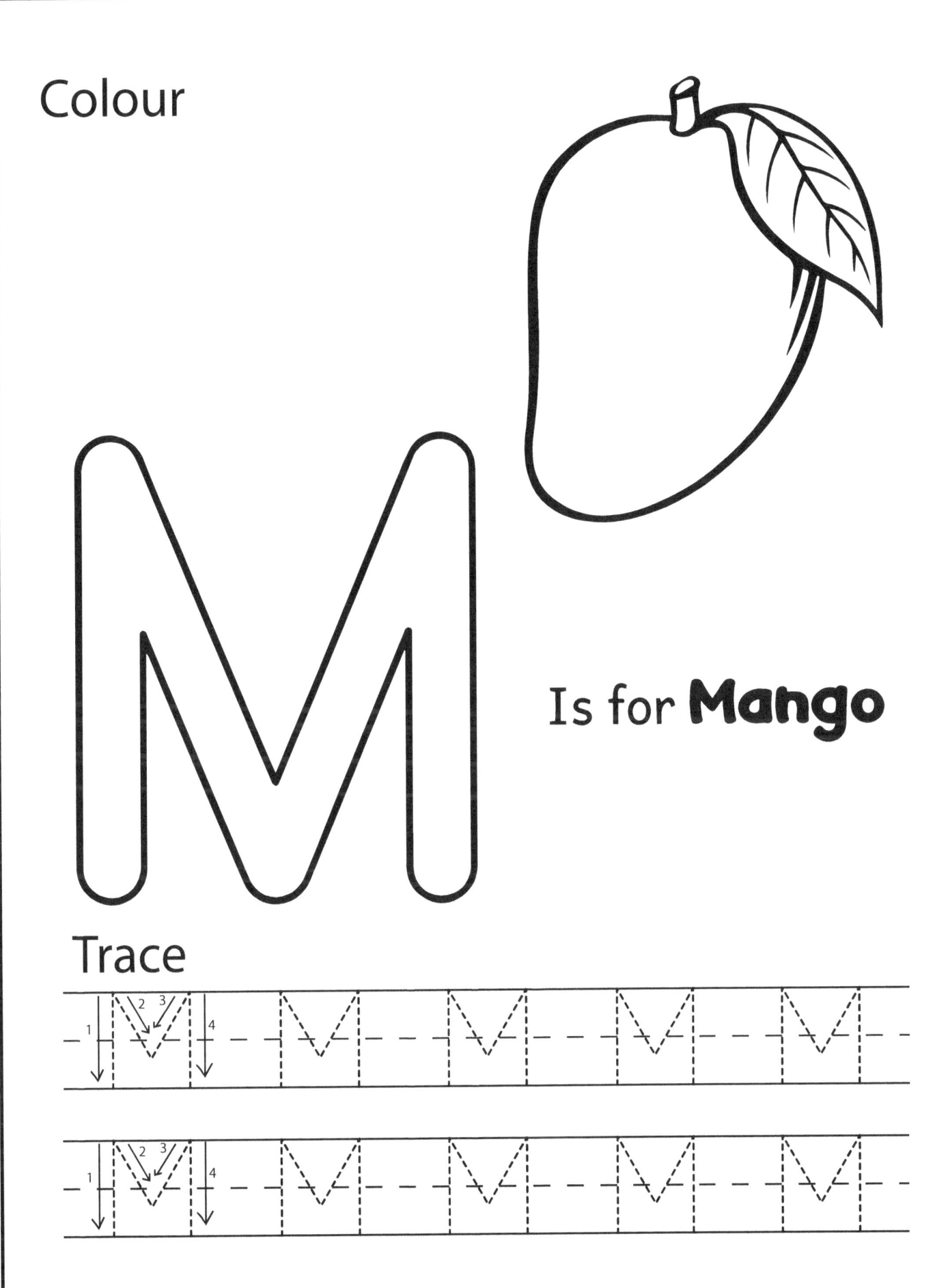

Colour

m

Is for **Monkey**

Trace

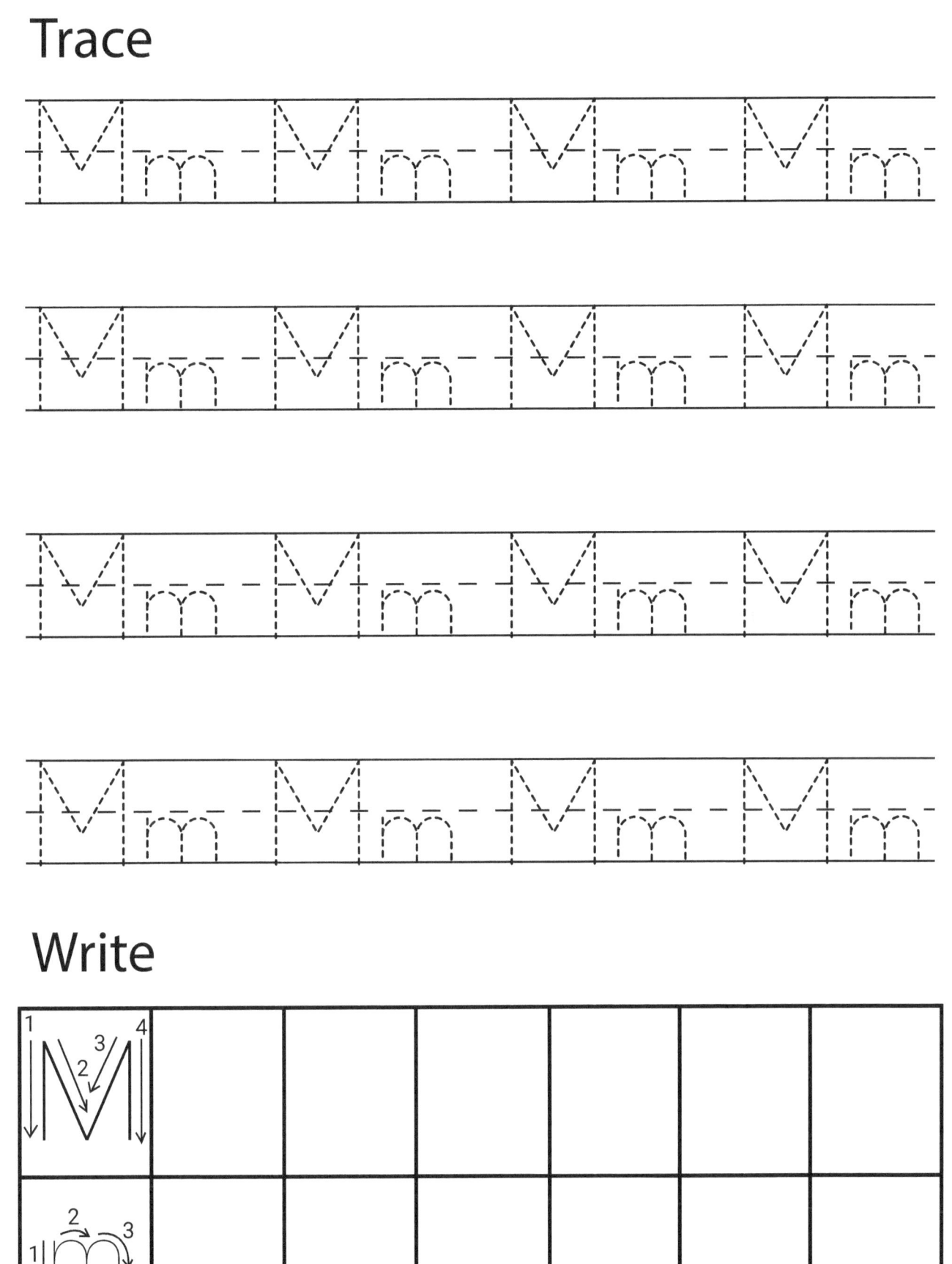

Colour

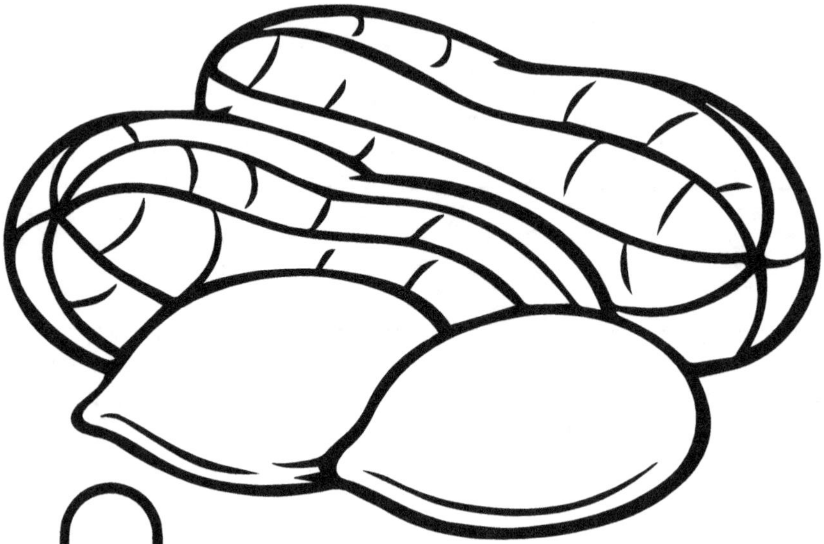

Is for **Nut**

Trace

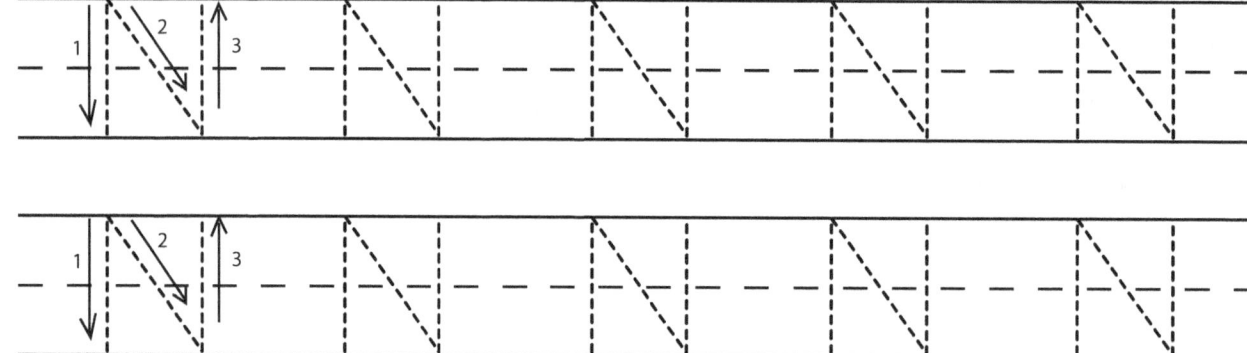

Colour

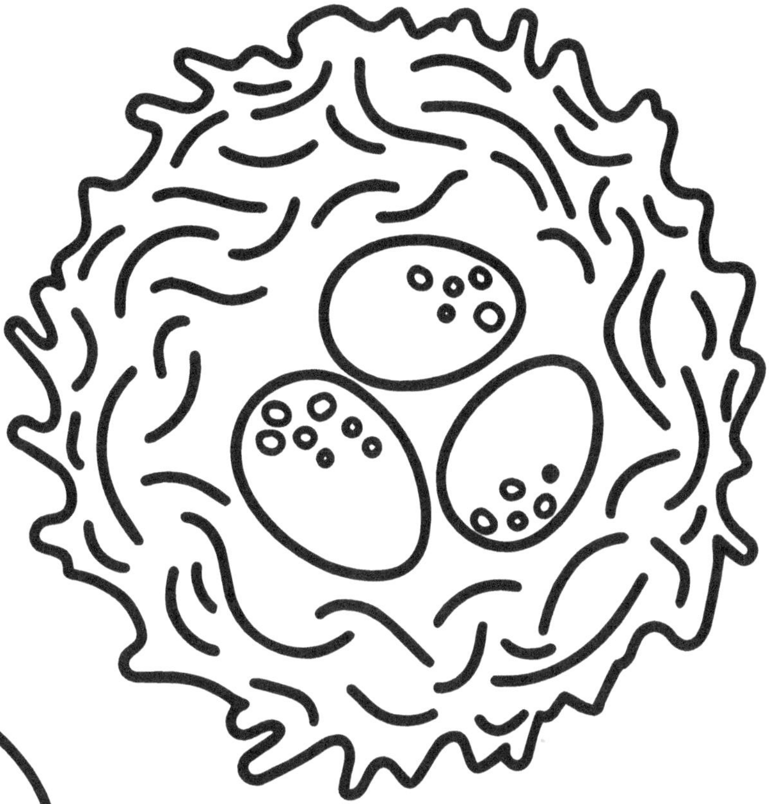

Is for **Nest**

Trace

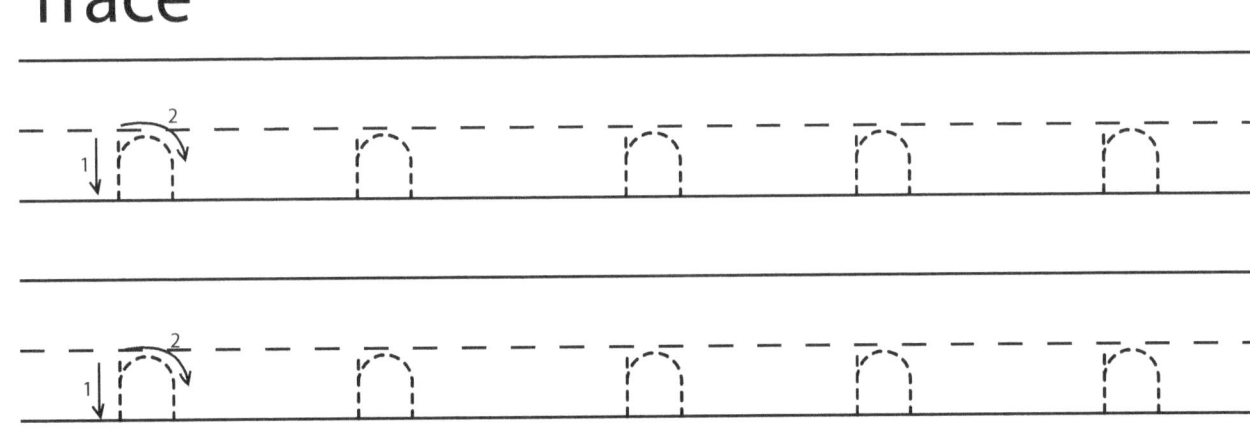

Trace

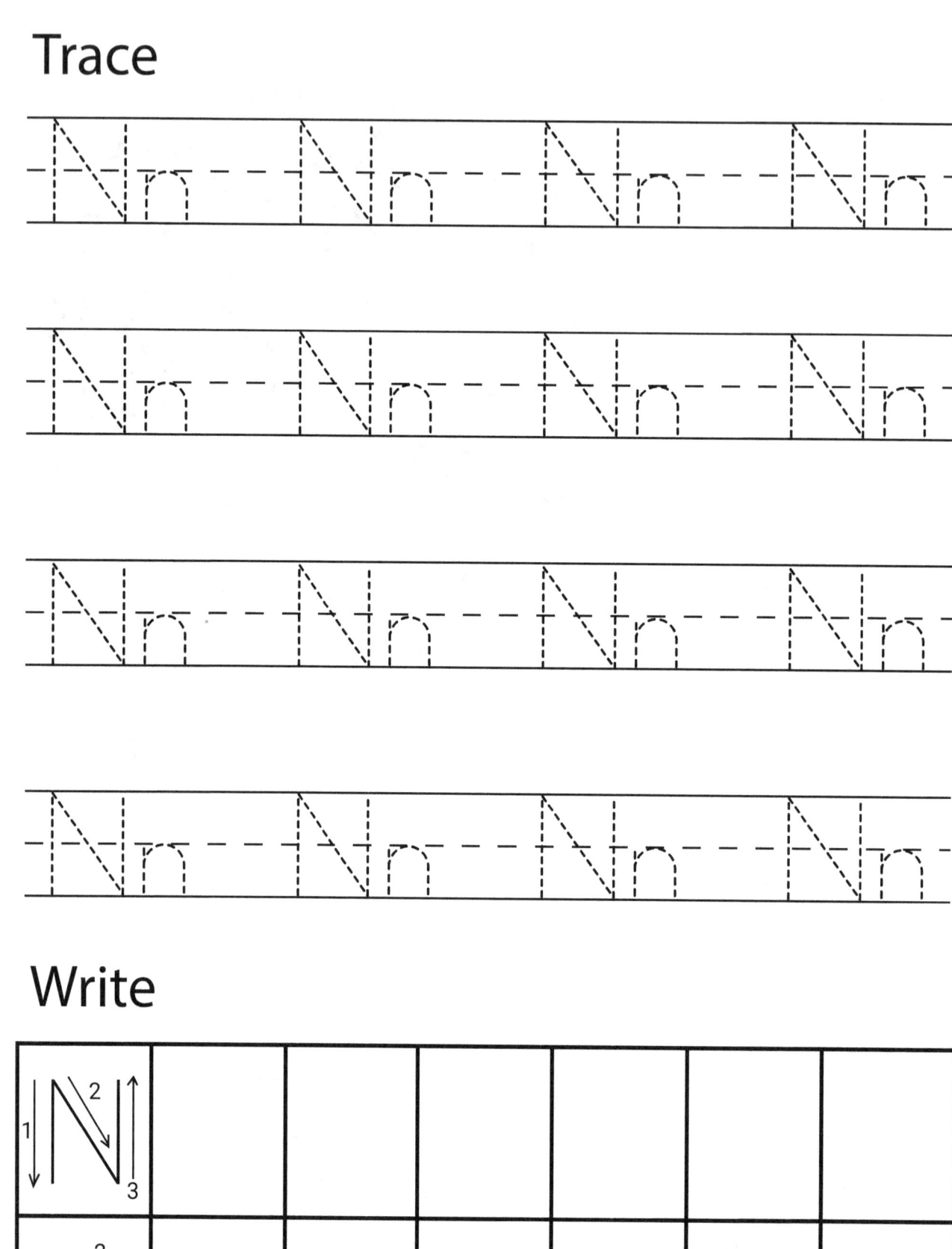

Write

Colour

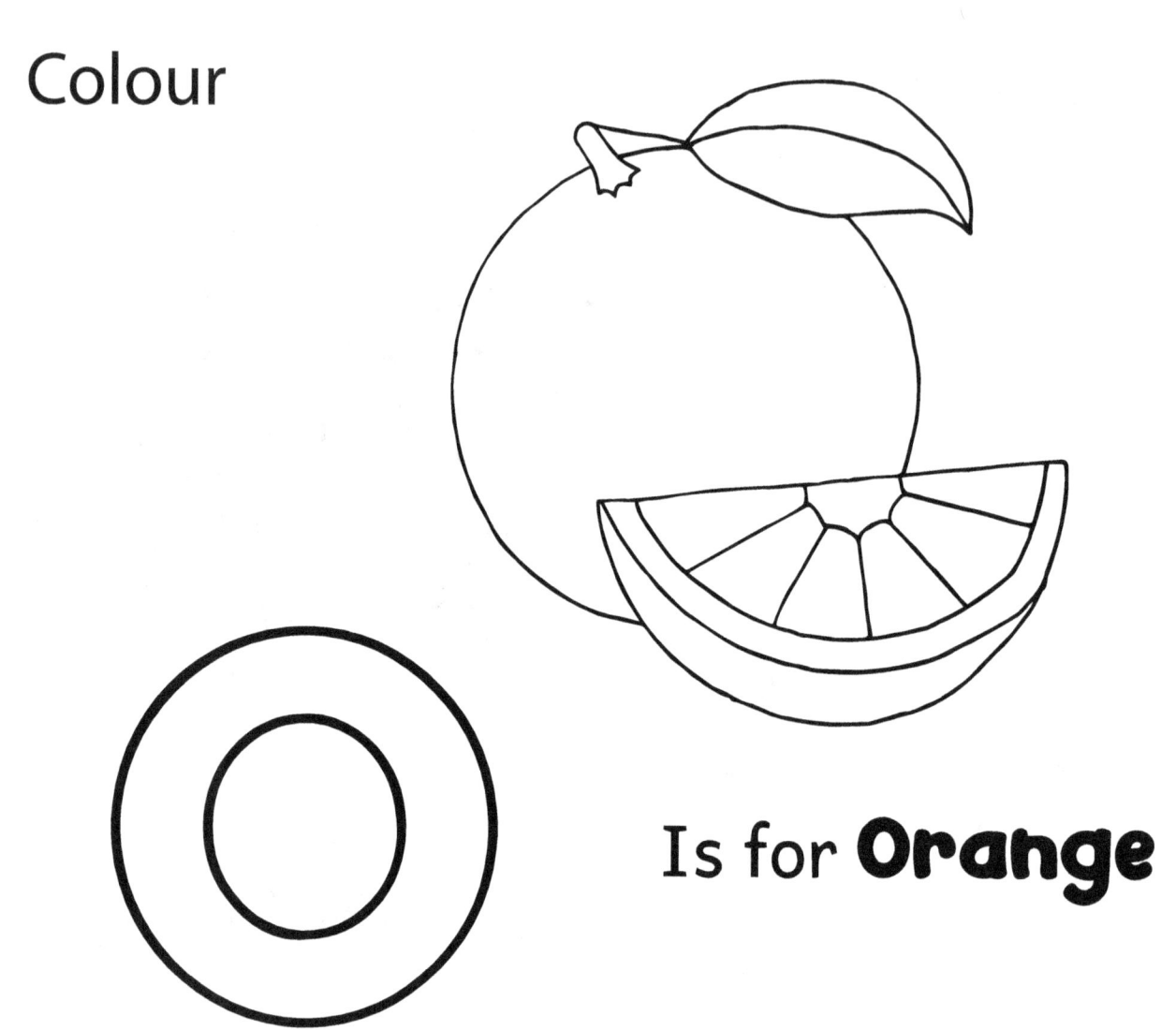

Is for **Orange**

Trace

Trace

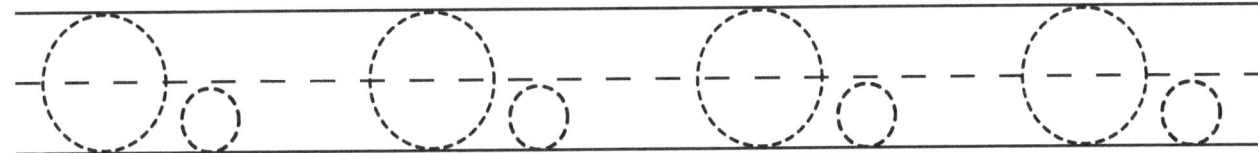

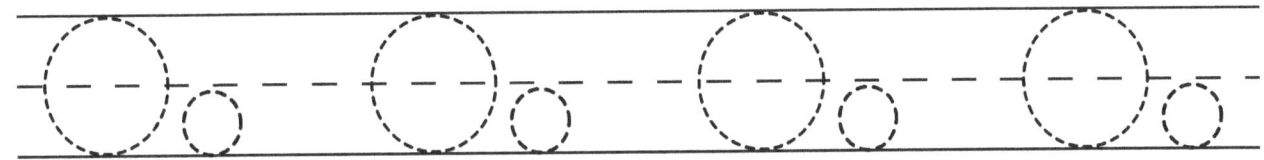

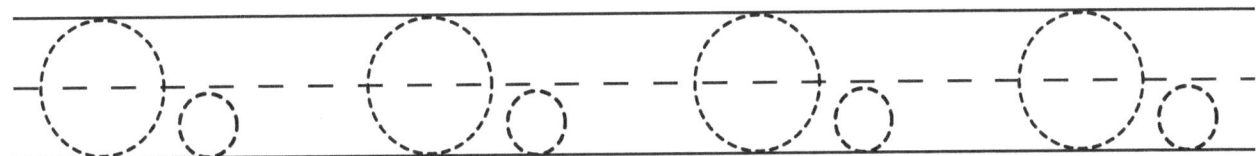

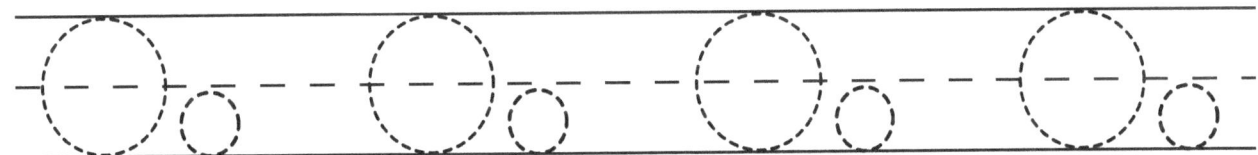

Write

Colour

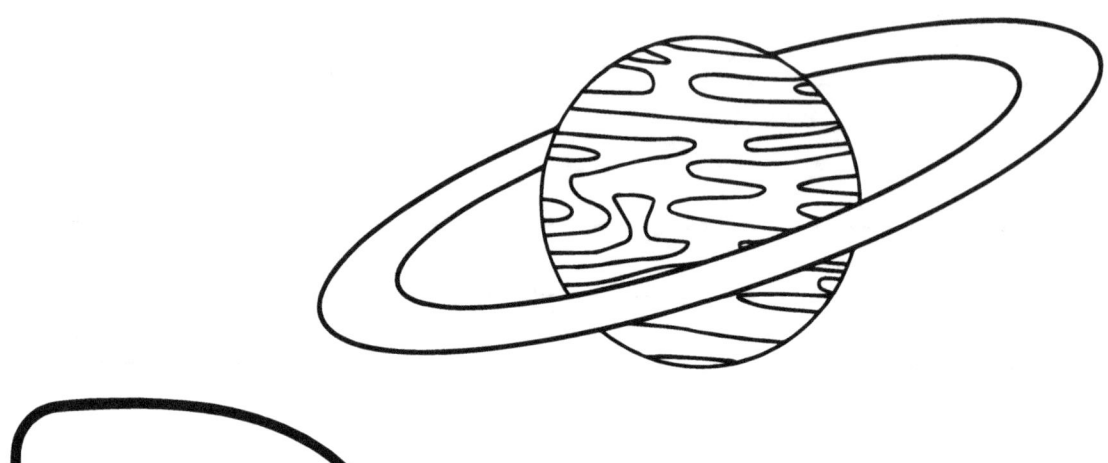

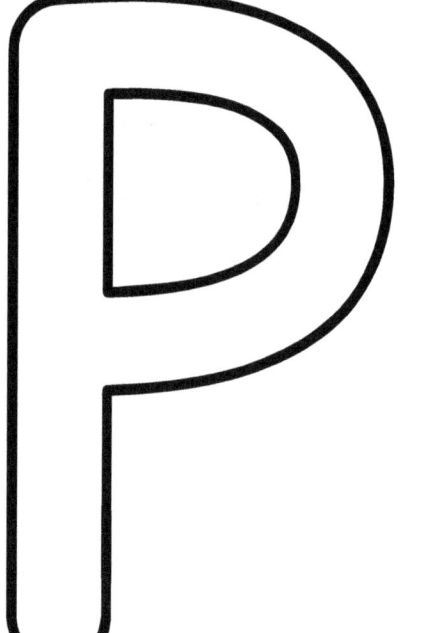

Is for **Planet**

Trace

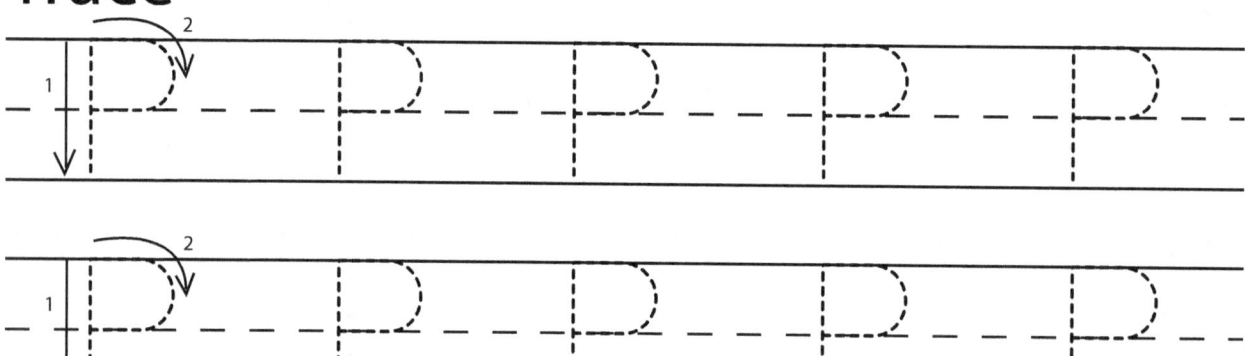

Colour

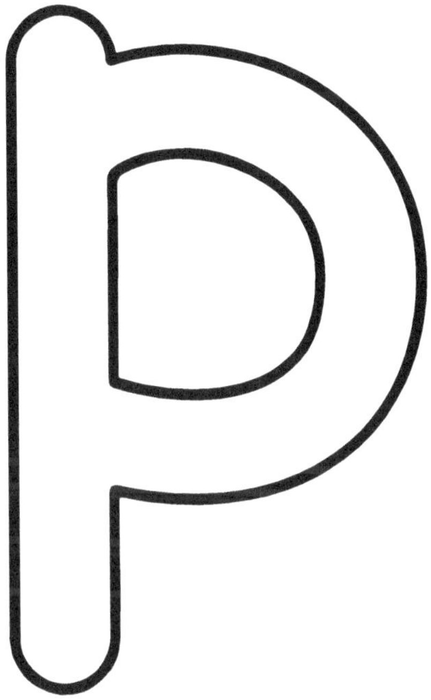

P

Is for **Pig**

Trace

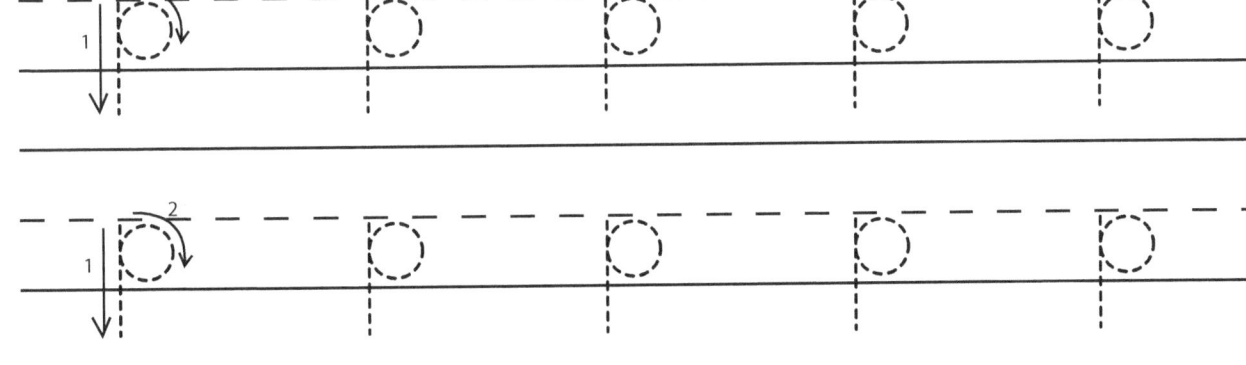

Trace

Write

Colour

Is for **Quack**

Trace

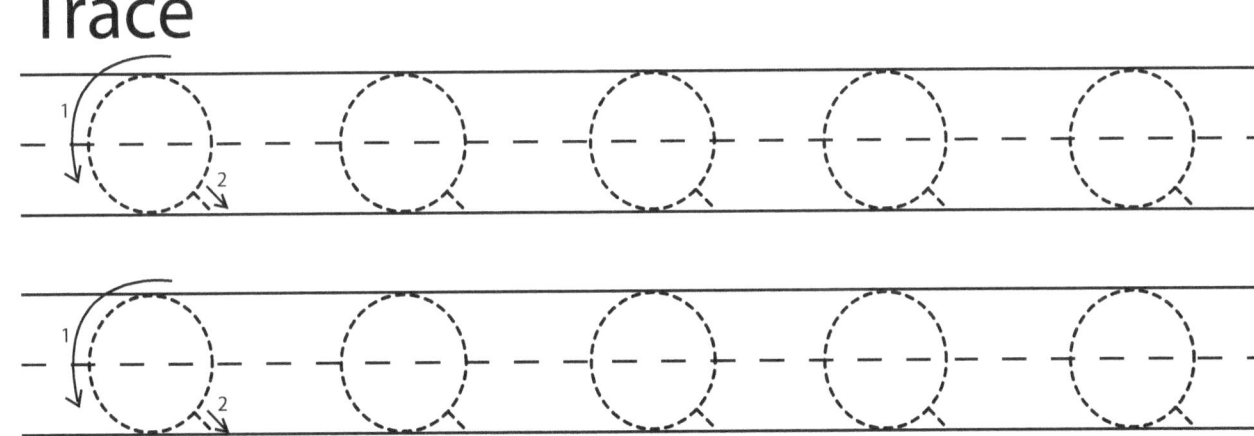

Colour

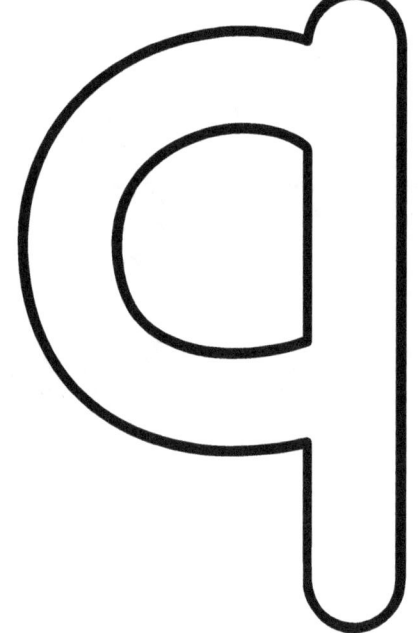

Is for **Queen**

Trace

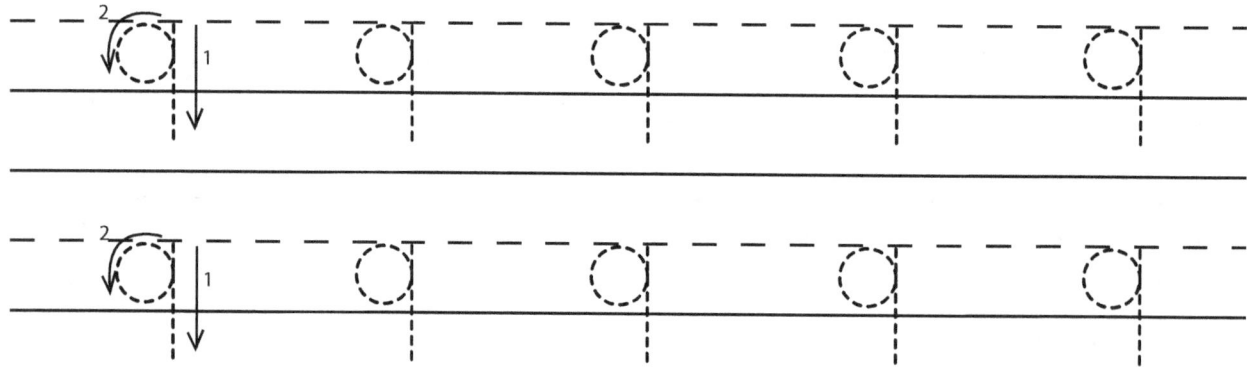

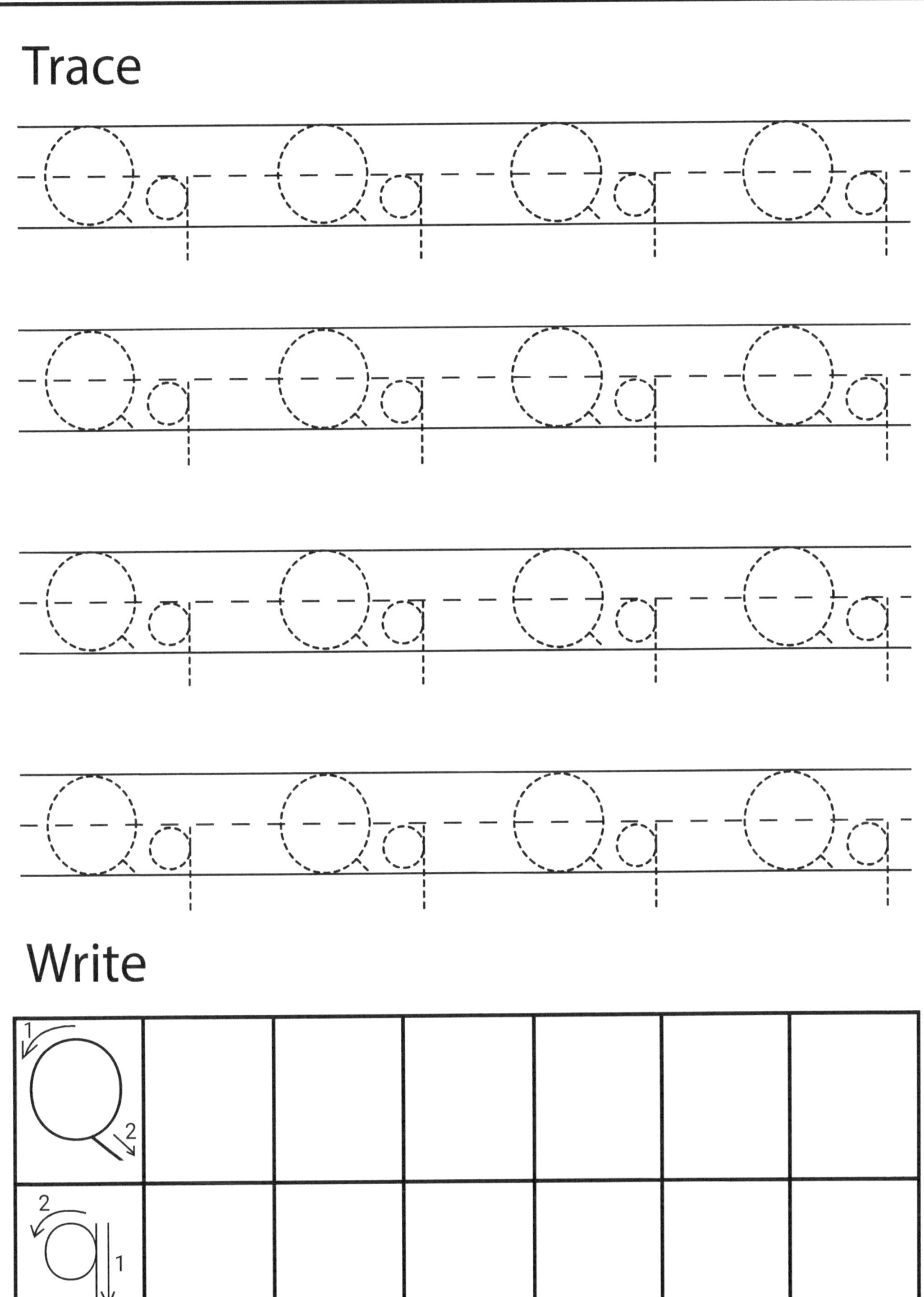

Colour

Is for **Robot**

Trace

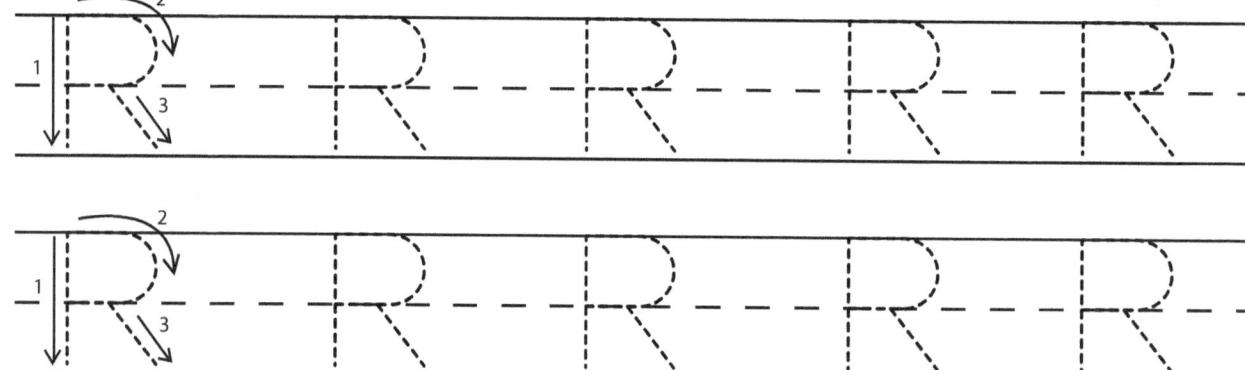

Colour

Is for **Rabbit**

Trace

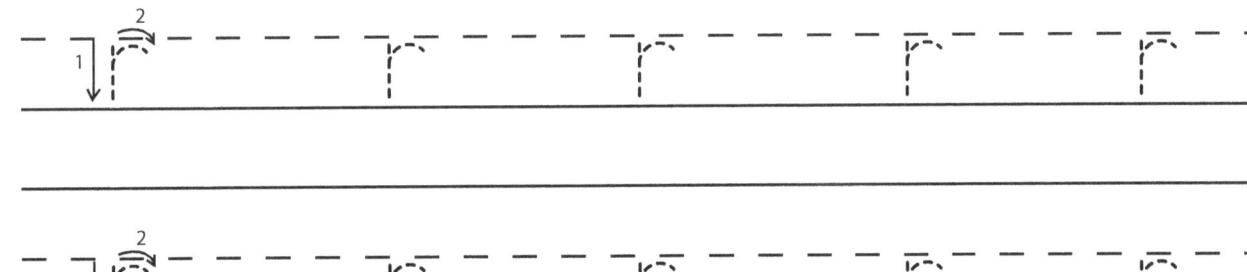

Trace

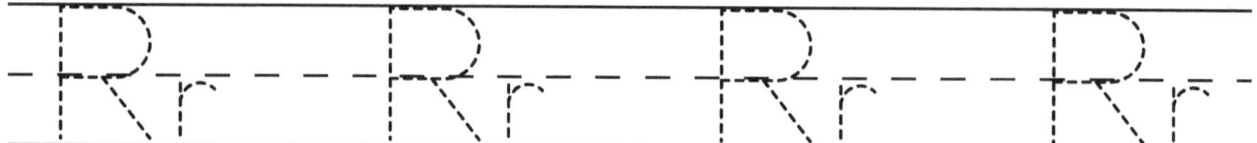

Write

Colour

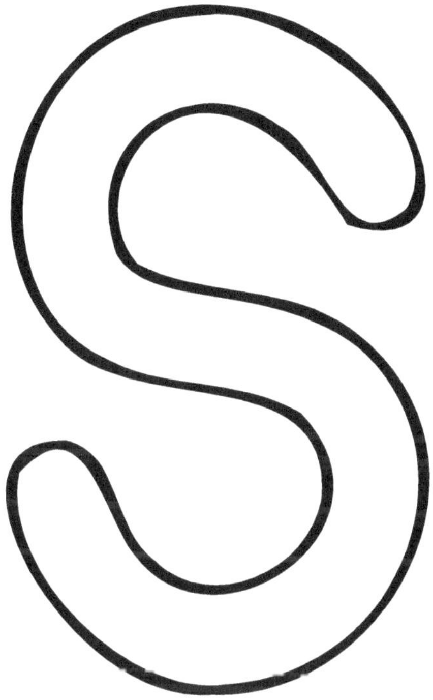

Is for **Spider**

Trace

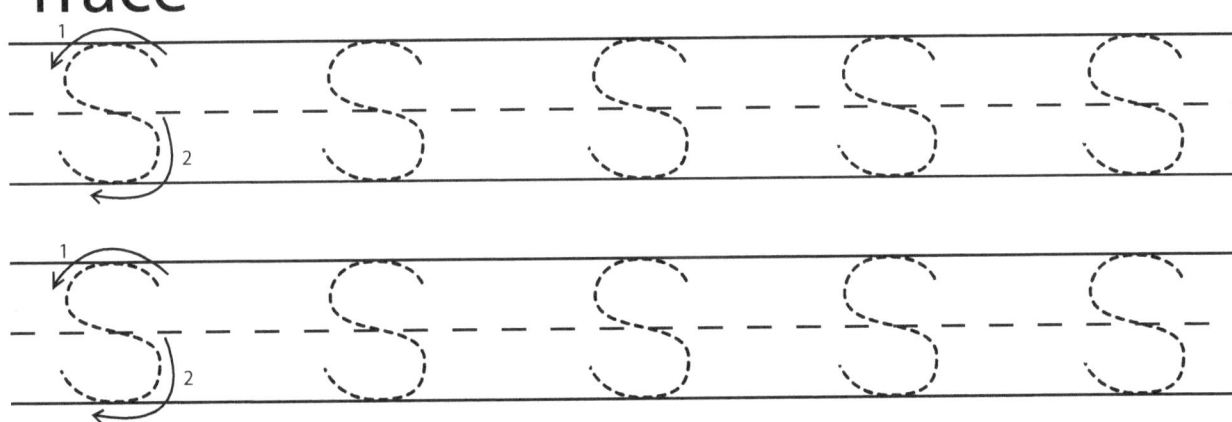

Colour

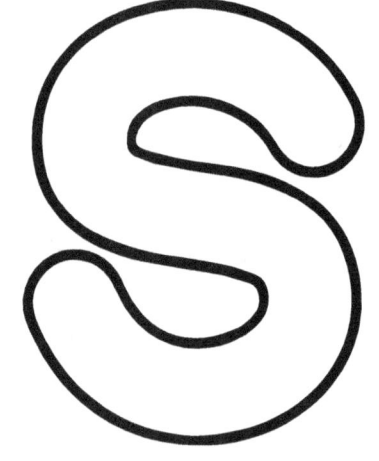

Is for **Sun**

Trace

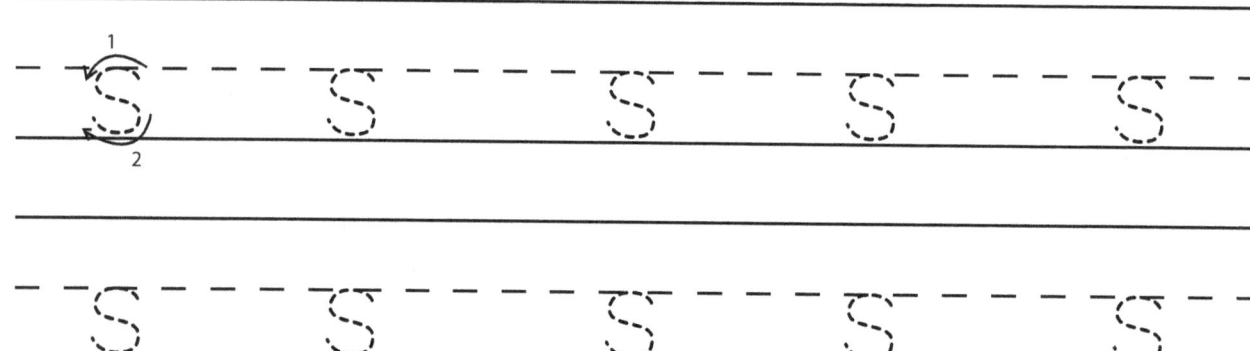

Trace

Ss Ss Ss Ss

Ss Ss Ss Ss

Ss Ss Ss Ss

Ss Ss Ss Ss

Write

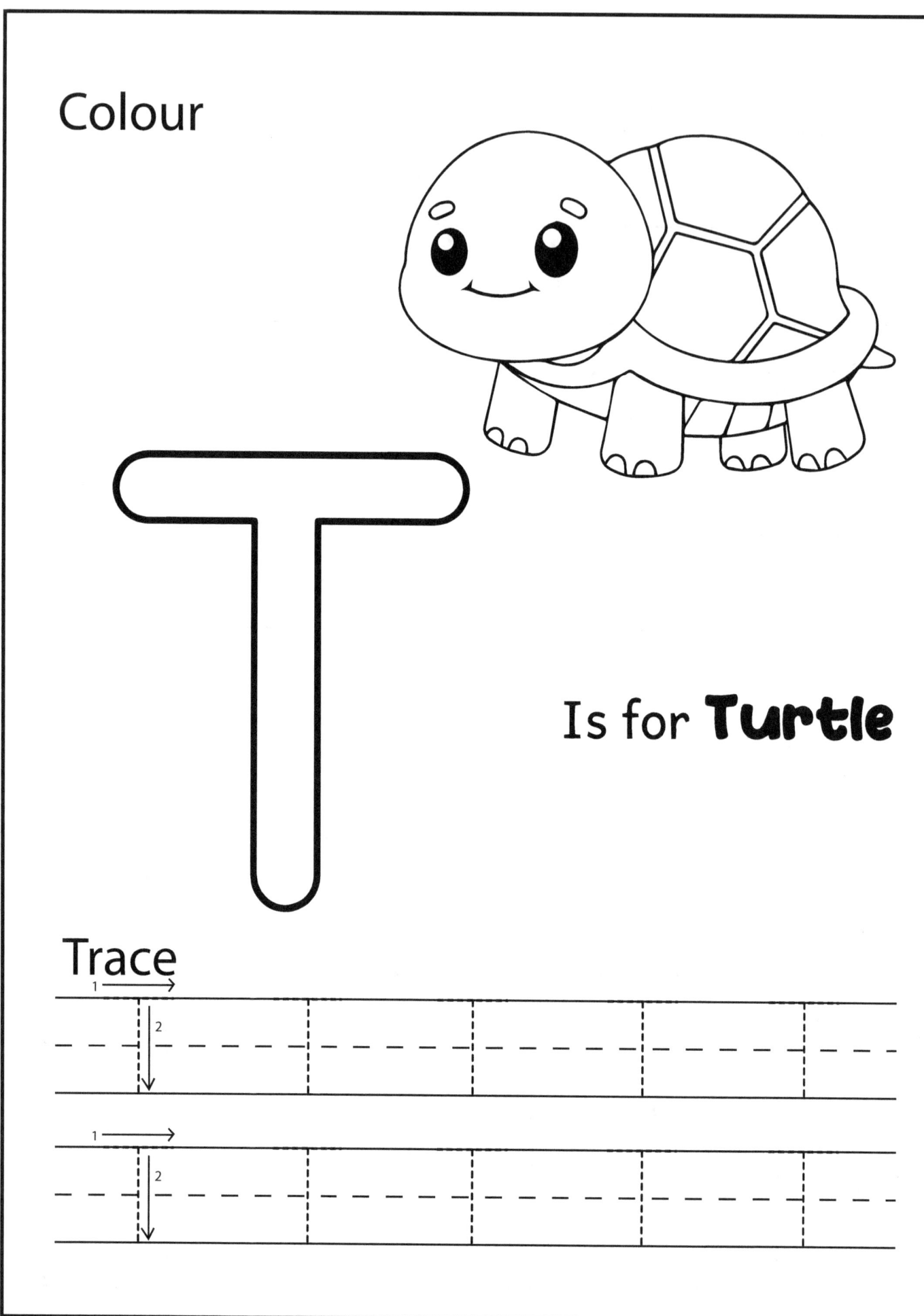

Colour

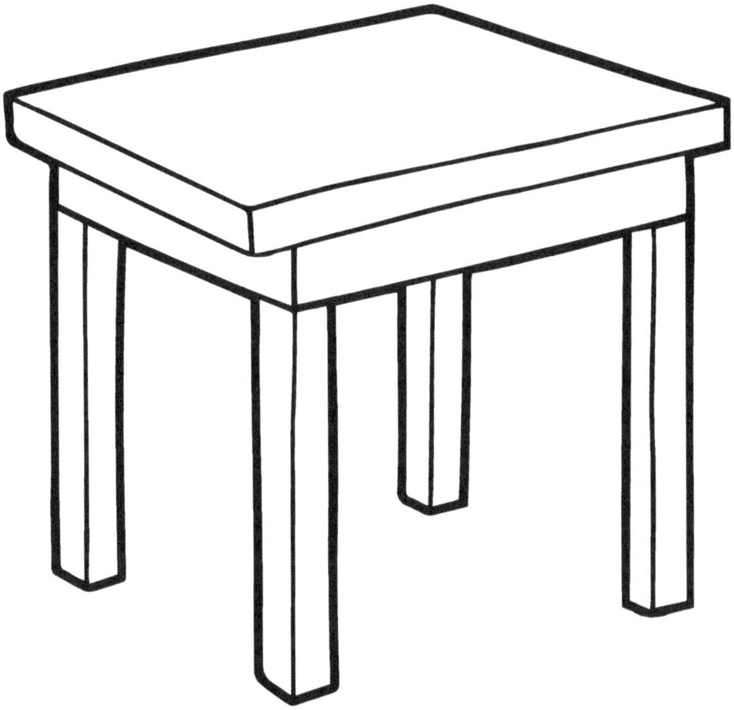

Is for **Table**

Trace

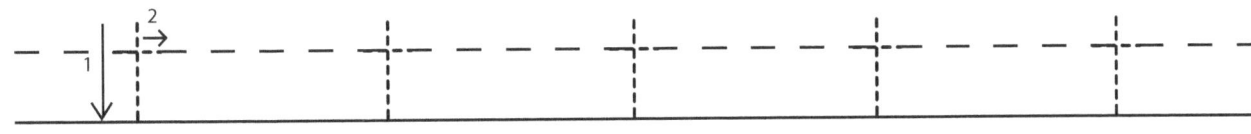

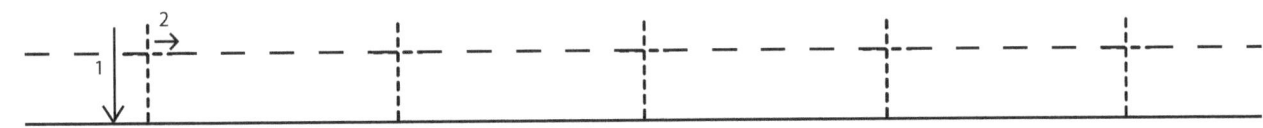

Trace

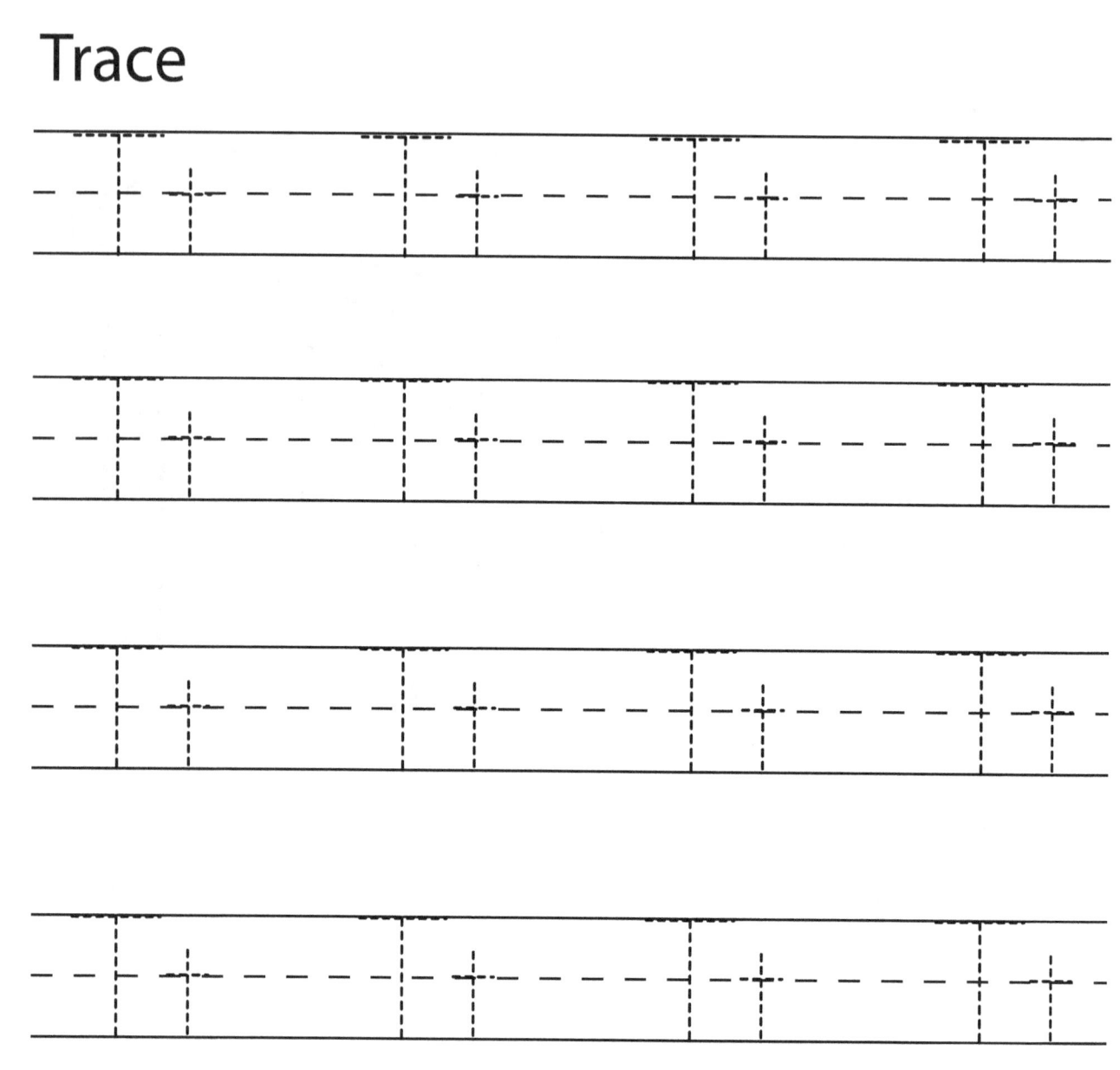

Write

Colour

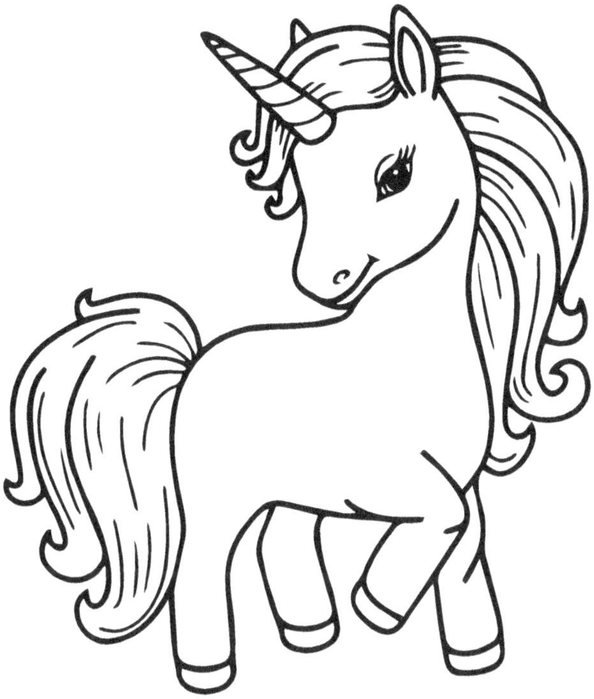

U

Is for **Unicorn**

Trace

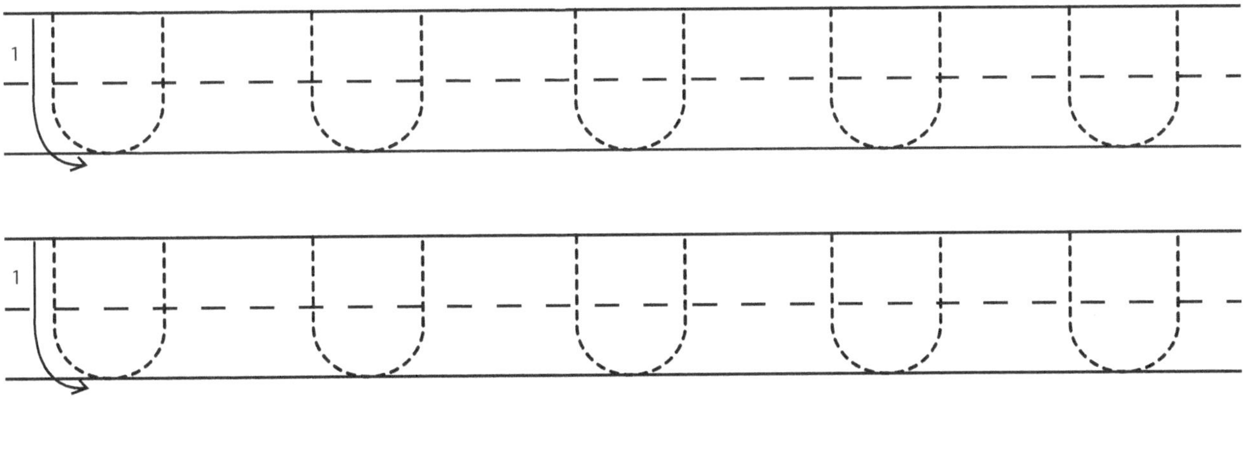

Colour

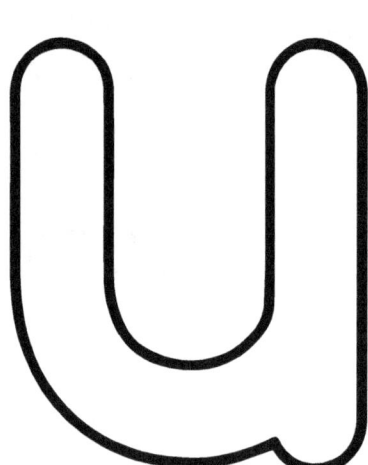   Is for **Umbrella**

Trace

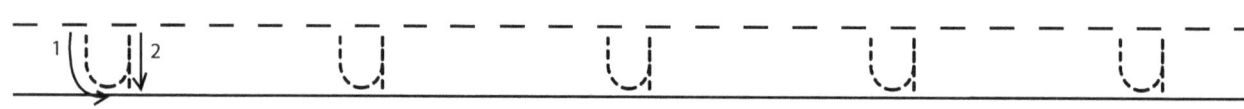

Trace

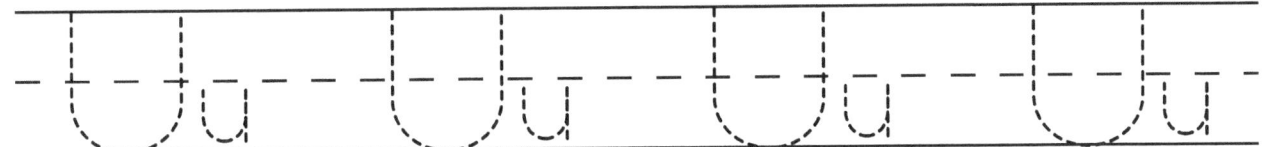
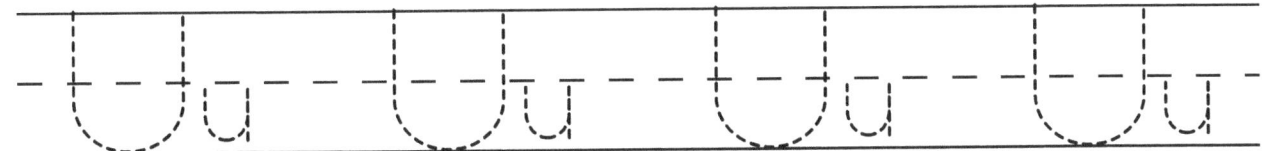
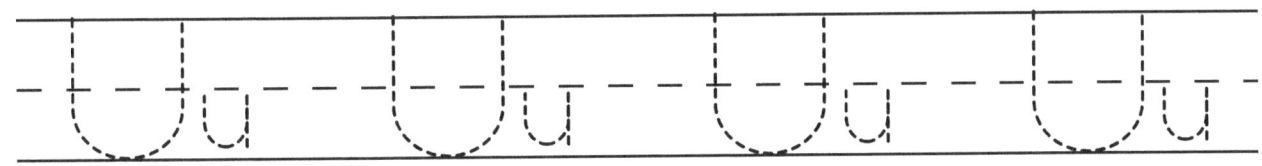
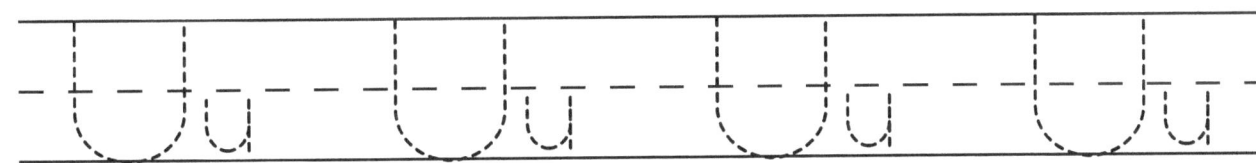

Write

Colour

Is for **Vegetable**

Trace

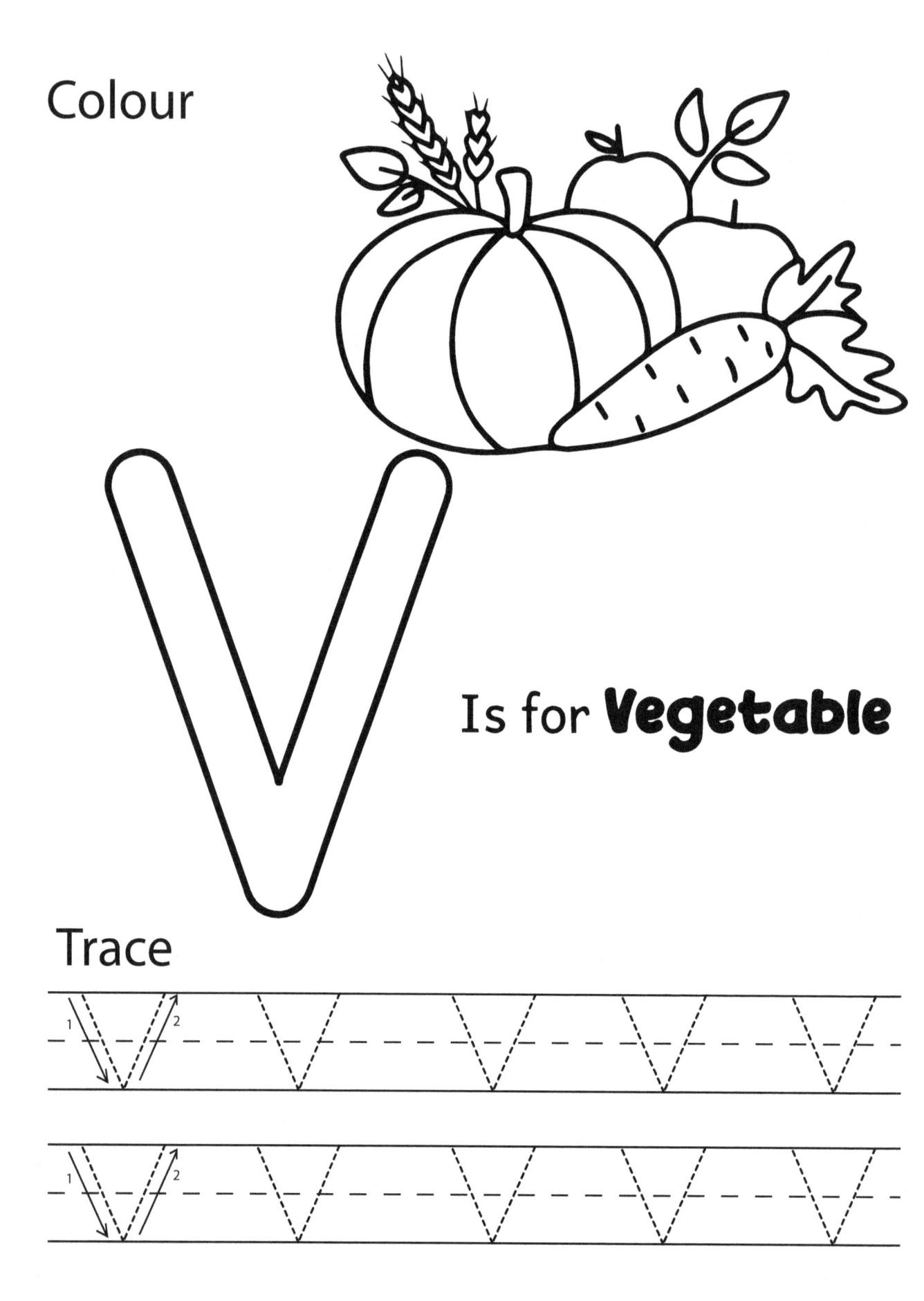

Colour

Is for **Violin**

Trace

V V V V V

V V V V V

Trace

Write

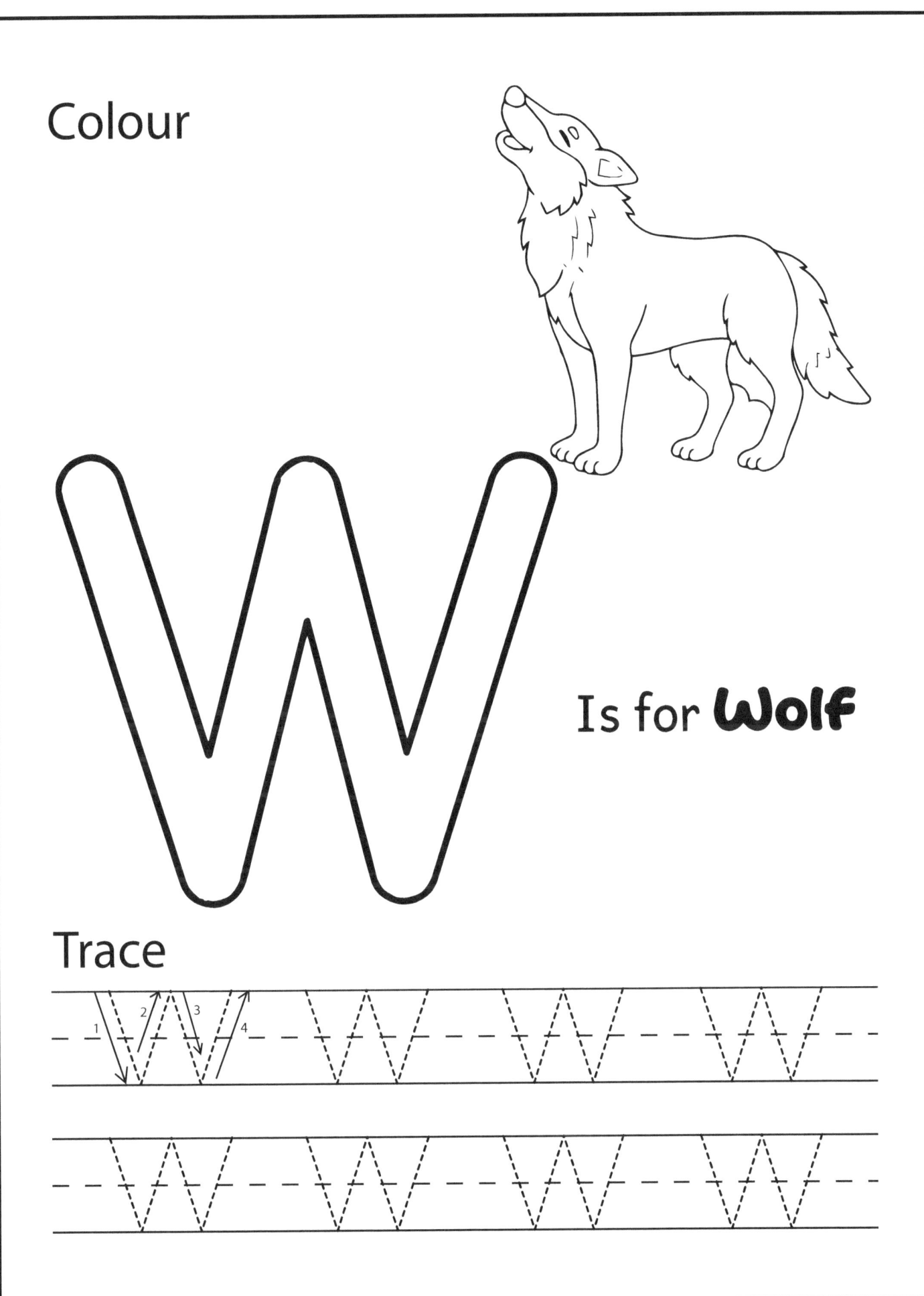

Colour

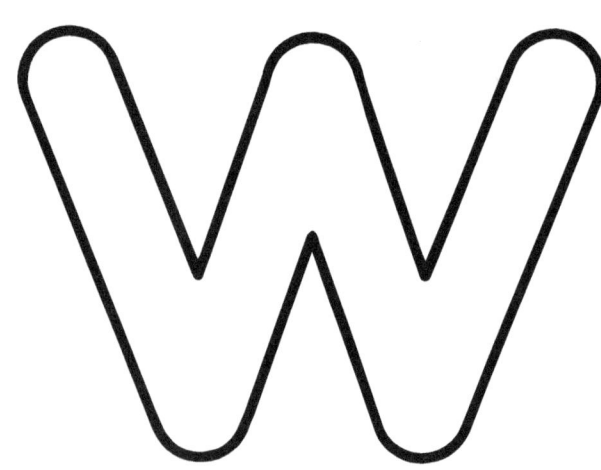 Is for **Whale**

Trace

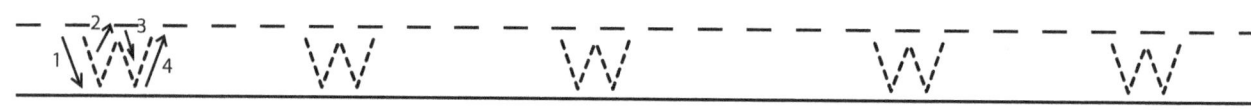

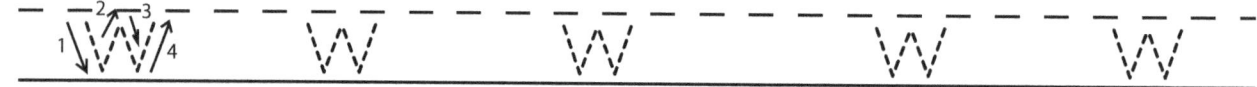

Trace

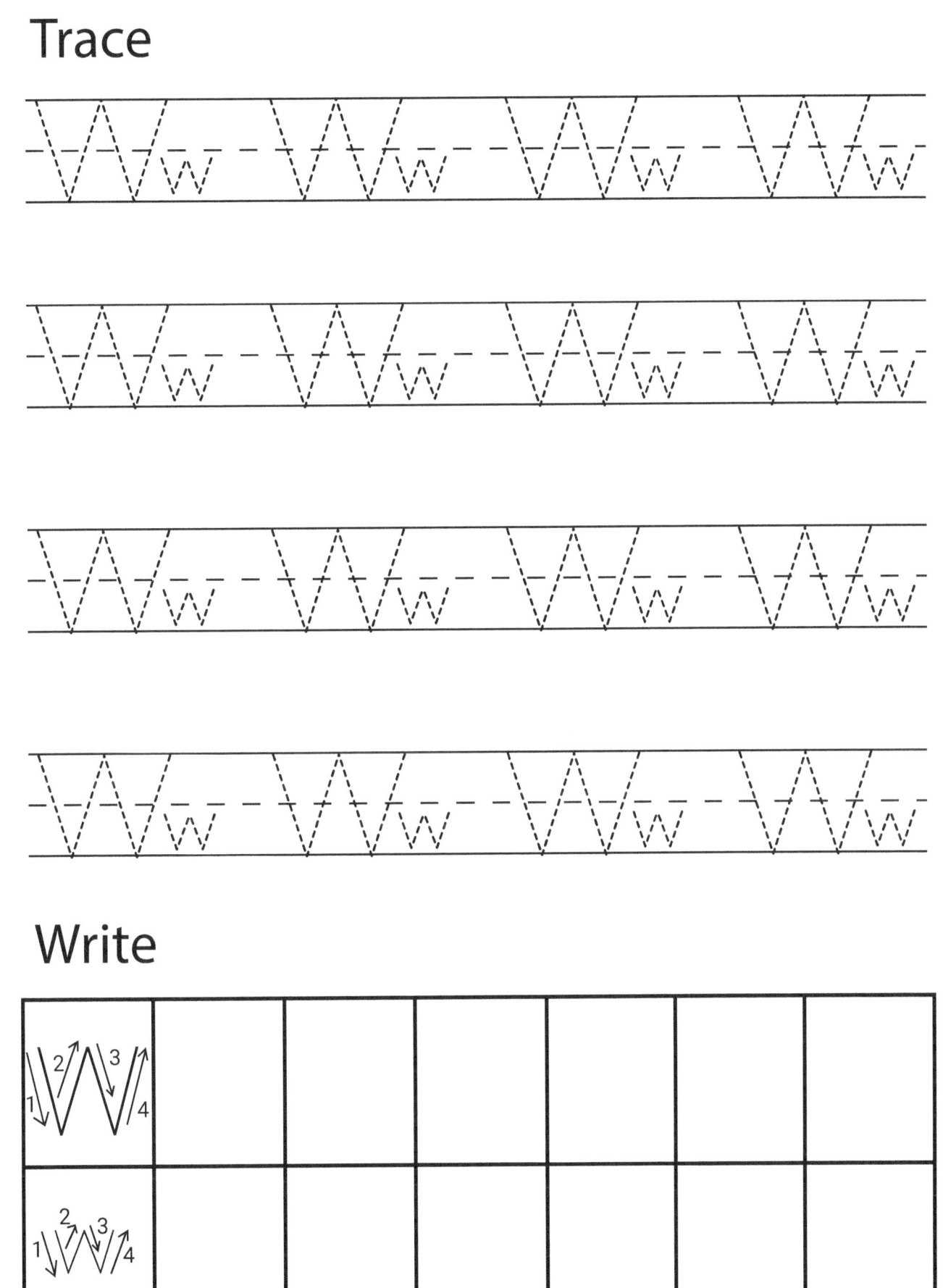

Write

Colour

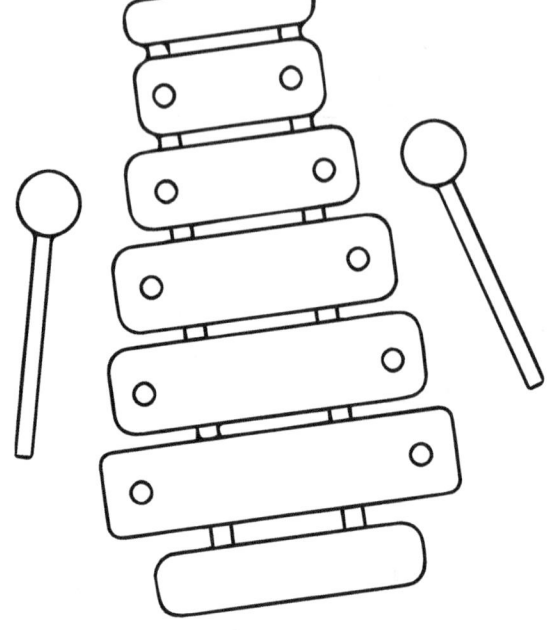

Is for **Xylophone**

Trace

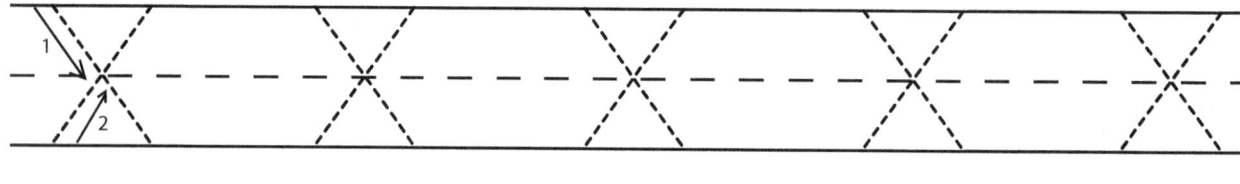

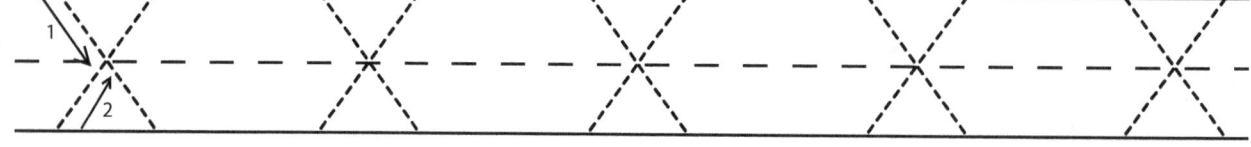

Colour

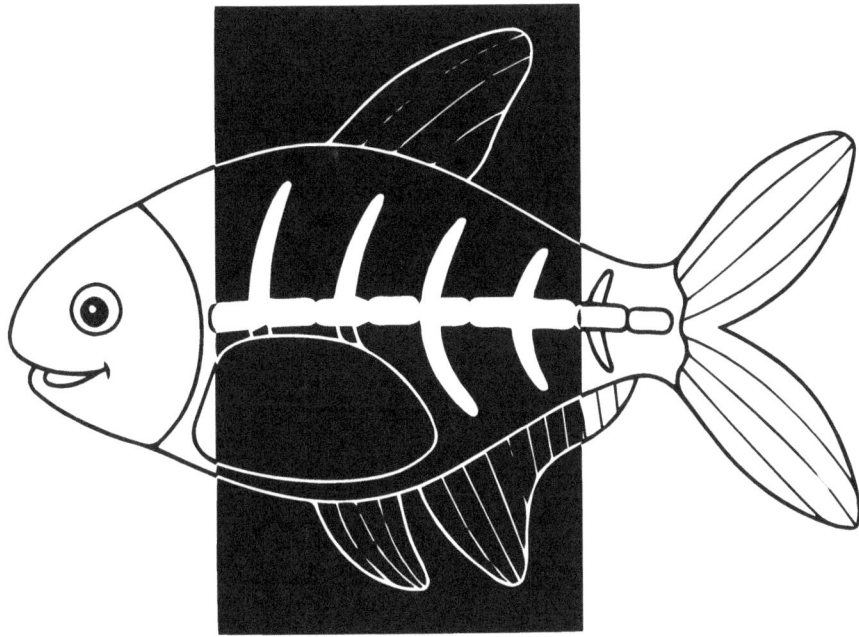

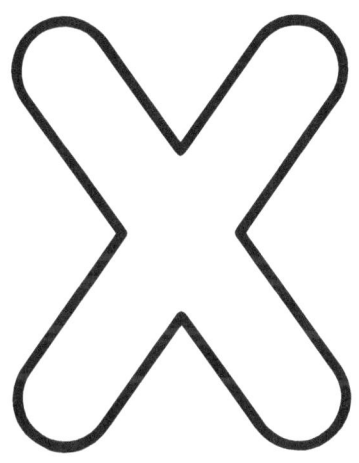

Is for **X-ray**

Trace

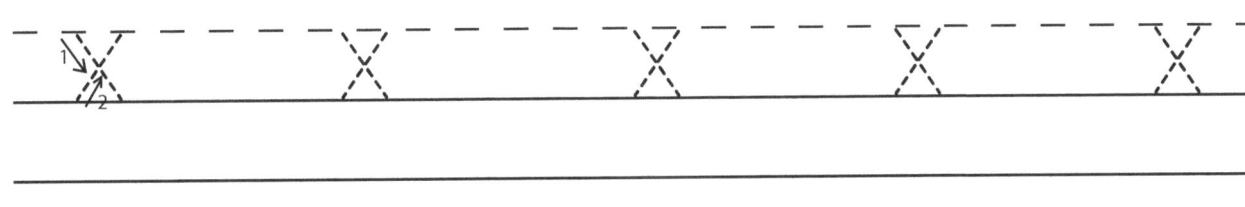

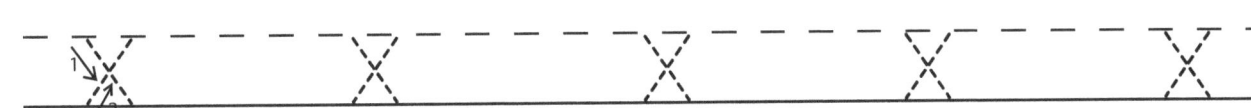

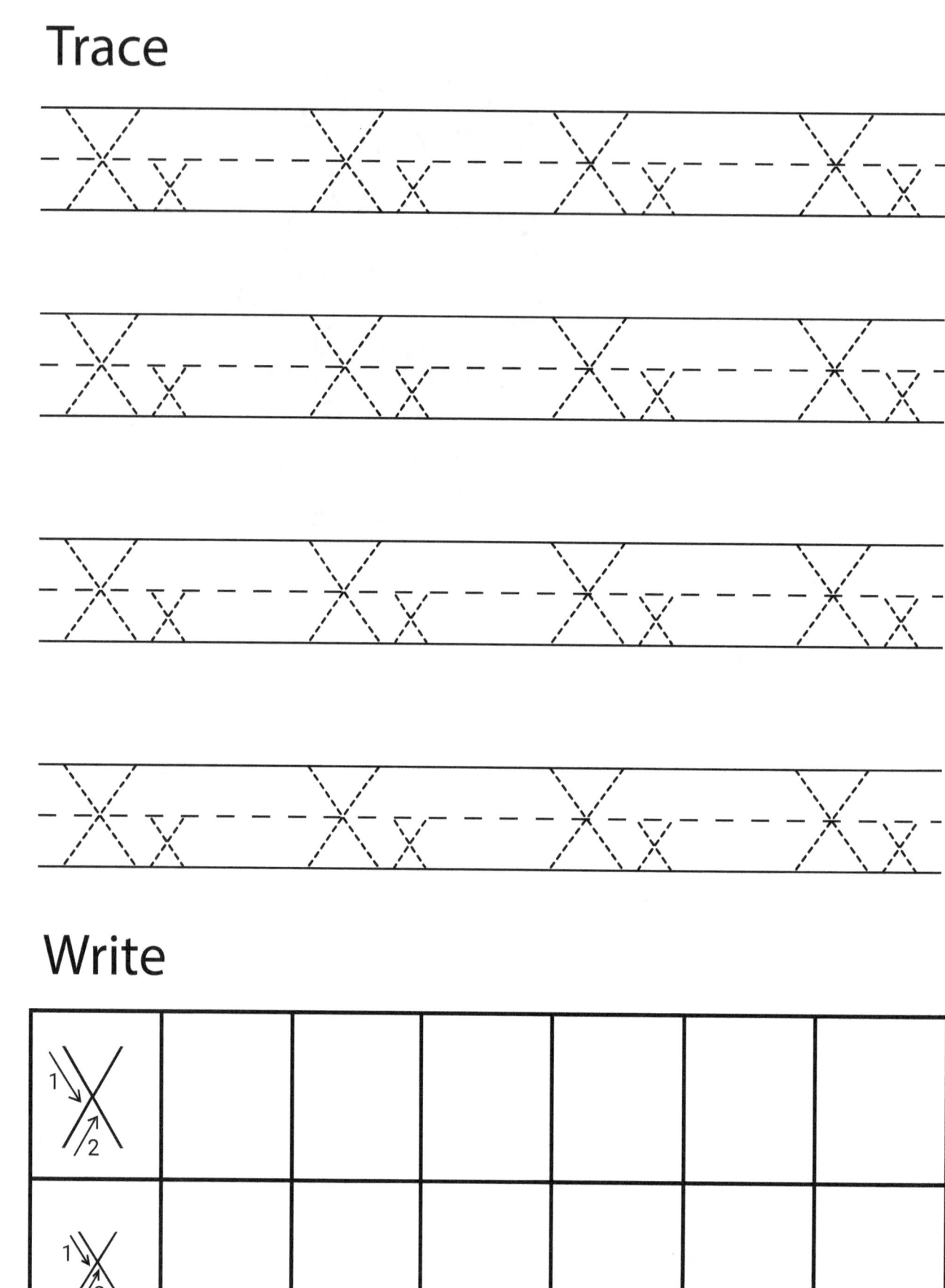

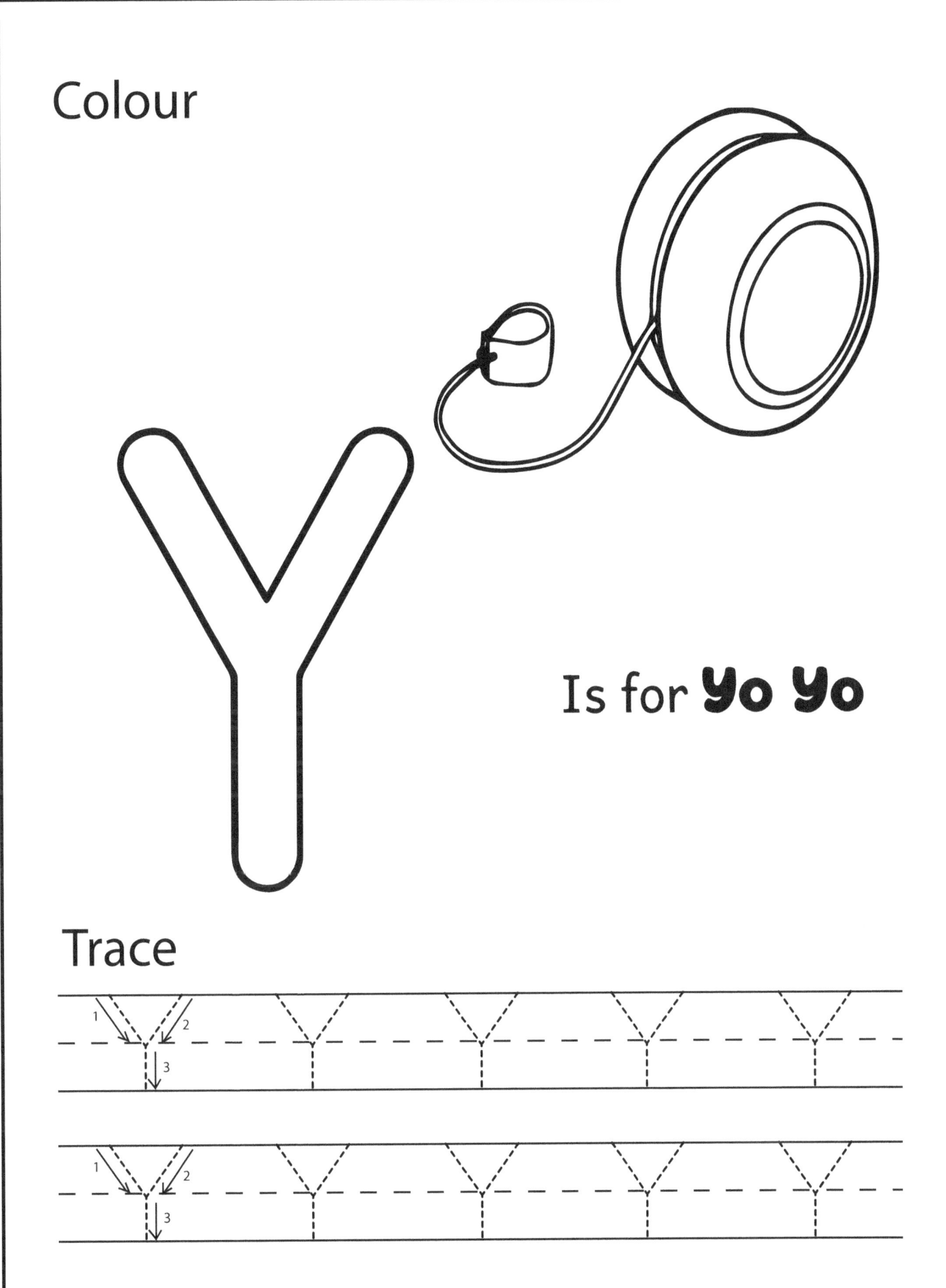

Colour

Is for **Yak**

Trace it

Trace

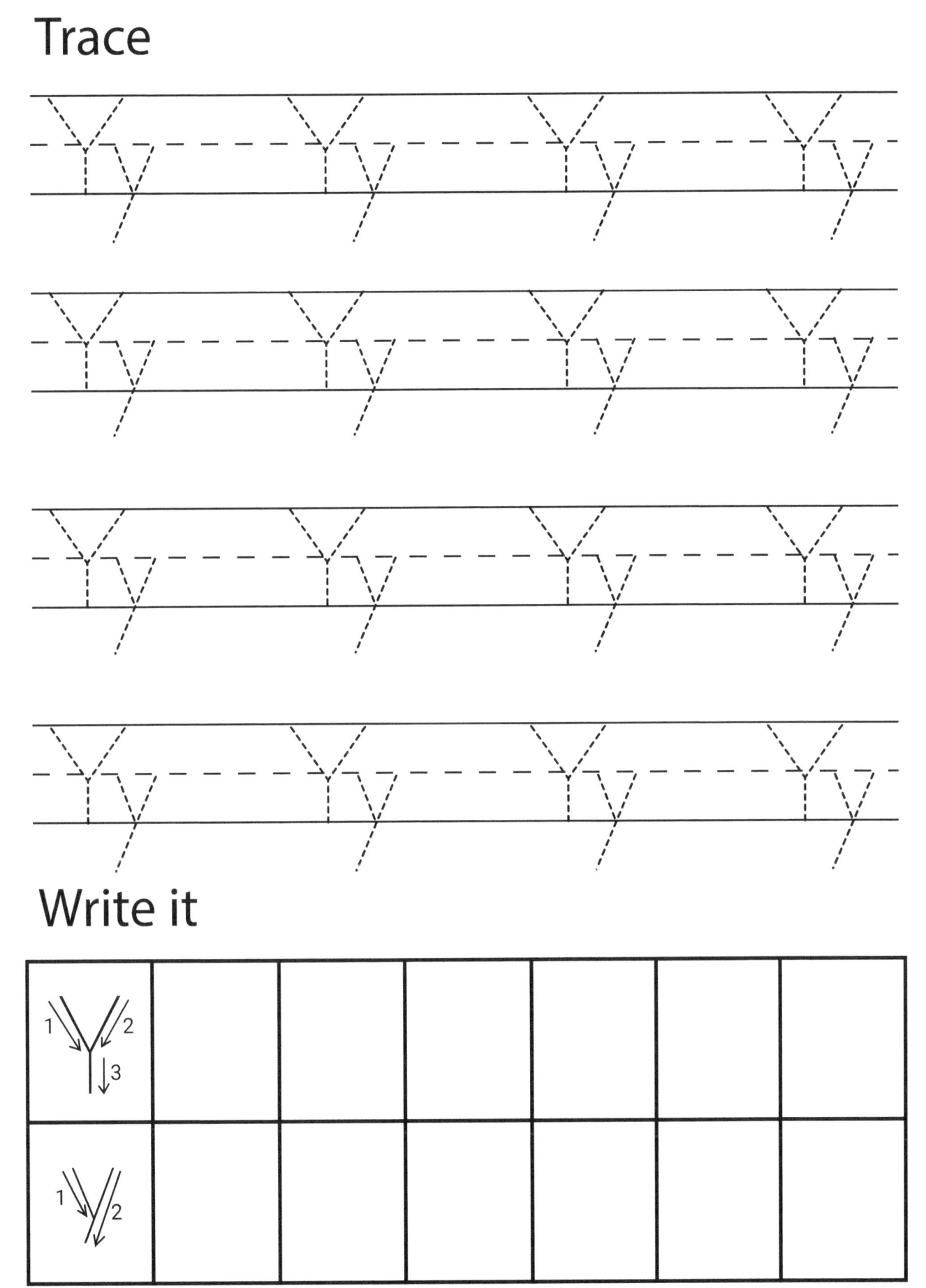

Write it

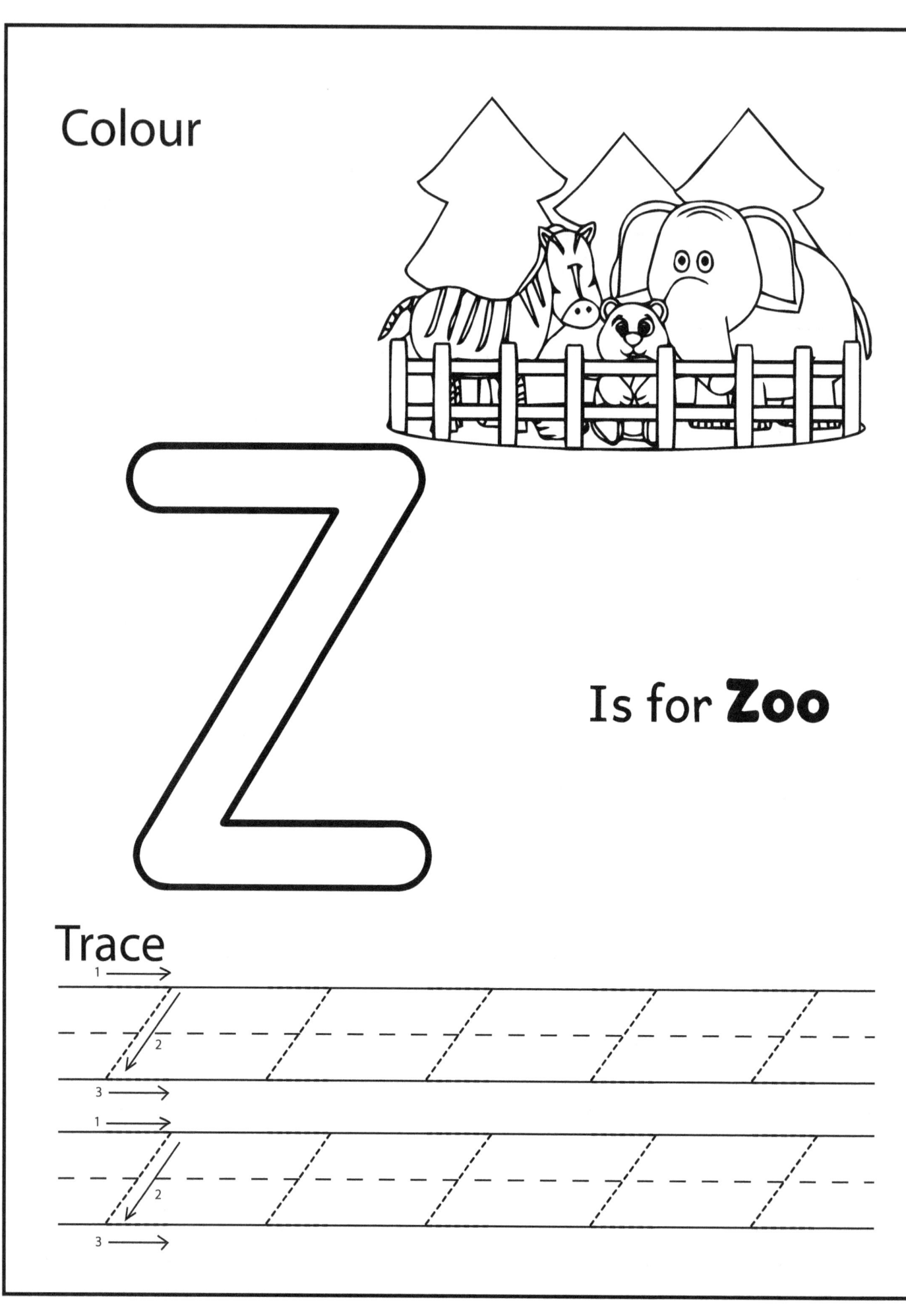

Colour

Is for **Zebra**

Trace

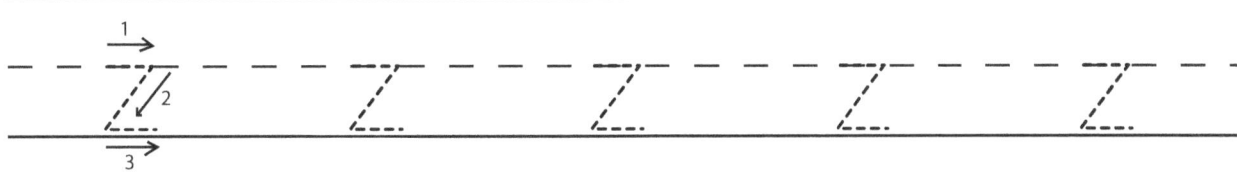

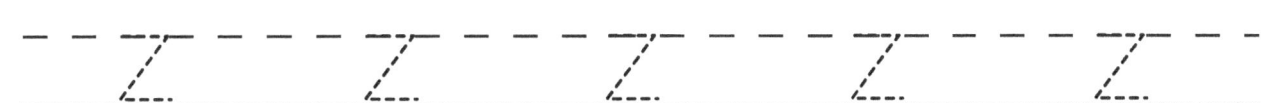

Trace

Write

www.ingramcontent.com/pod-product-compliance
Lightning Source LLC
Chambersburg PA
CBHW082212070526
44585CB00020B/2379